华夏文库·民俗书系

森林趣话
长白山伐木习俗

曹保明 著

中原传媒　中州古籍出版社

《华夏文库》发凡

毫无疑问,每一个时代都有属于自己时代的精神追求、文化叩问与出版理想。我们不禁要问,在 21 世纪初叶,在全球文明交融的今天,在信息文明的发轫初期,作为中国出版人,我们正在或者将要追求什么?我们能够成就或奉献什么?我们以何种方式参与全球化时代的文化传播进程?在一连串的追问下,于是,有了这套《华夏文库》的出版。

自信才能交融。世界各大文明在坚守自身文化个性的同时,不约而同地加快了探视其他文化精神内涵的步伐,世界不同文明正在朝着了解、交流、碰撞、借鉴与融合的方向前进。在此背景下,建立自身的文化自信,正是与世界各文明民族进行文化交流的基本要求。五千年中华文明与文化正在不断地被其他文明所发现、所挖掘、所认知,汉语言正在生长为世界语言,儒文化正在世界各地生根发芽。

借助这样一种正在成长着的文化自信、自觉、开放、亲和之力,用我们这个时代的学术眼光全面系统梳理中华五千年的文明与文化,向其他各大文明与文化圈正面展示自我,让中华优秀文化成为世界文化的重要组成部分,正是我们出版这套文库的目的之一。此其一。

知己才能知彼。身处五千年文化浸润的今天,重新审视我们先人的人生思考、价值思考与哲学思考,找到一个民族、一个国家的价值所在、立命所在、安身所在,这已经是我们这个时代的学人与出版人不得不再思考的问题。作为中华文明的一分子,我们在思考的同时,还必须了解我们的先人创造了如何优秀的精神文明与物质文明以及社会文明。只有熟知自己的文化,热爱自己的文化,悟明自己的文化,我们才能宣说自己、弘扬自己、光大自己。因此,我们策划组织这套《华夏文库》的初衷,还在于让当下的知识青年全面系统瞭望中华文明与文化的全景,并借此能够对更为深广的世界各民族文化提供一个比较认知的基础。此其二。

顺势才能有为。我们正处在农耕文明、工业文明、信息文明的交汇处,信息文明带领我们从读纸时代进入读屏时代,以智能手机屏幕为代表的书籍呈现方式正在与纸质书籍争夺阅读时间与空间。我们正在领悟数字技术,正在以信息文明的视角,去整理、分析和研究农耕文明与工业文明的文化遗产,不仅仅是为了唤醒优秀的传统文化,我们还在生发和原创着当今时代的文化。由此,我们试图架起一座桥梁——由纸质呈现而数字呈现,由数字呈现而纸质呈现,以多媒介的书籍呈现方式,将文字、图像、声音与视频四者结合,共同筑成《华夏文库》以奉献给信息文明时代的新读者。此其三。

总之,这是一套——专家大家名家写小书;以最小的阅读单元,原创撰写中华精神文明、物质文明与社会文明系列主题与专题;以图文、声视频多媒介呈现的方式,全面介绍与传播中华文明与优秀文化,系统普及与推介中华文明与文化知识;主旨是为了让世界与中国共同了解中国的——大型丛书,借此,复兴文化,唤起精神,融入世界。

耿相新
2013 年 6 月 27 日

《华夏文库·民俗书系》序

《民俗书系》是中原出版传媒集团一项浩大工程《华夏文库》的一个重要组成部分，分为十个系列：生产贸易民俗系列，衣食住行民俗系列，社会家庭民俗系列，人生仪礼民俗系列，生态、科技民俗系列，信仰民俗系列，岁时节令民俗系列，语言文学民俗系列，民间游乐民俗系列和民间艺术系列，涉及民俗文化的所有方面。这是一套具有相当规模的民俗类丛书。第一期约300本，每个省、自治区、直辖市10本左右。以后还有第二期、第三期。从数量上看，这套书在民俗文化呈现的广度方面是前所未有的。

有规模，成体系，才能产生深刻而广泛的社会效应。就民俗文化而言，一两本书，做得再精致，影响也是有限的。只有达到一定规模，才能全面、系统而又细致地展现中国各民族各地区丰富灿烂的民俗文化。中国幅员广阔、民族众多，以往有关民俗文化的呈现多是局部的，有很大的局限性，而《民俗书系》是对中华各民族民俗文化全方位的展示，超越了已出版的任何一套民俗丛书。这有助于对中华各民族民俗文化进行整体观照，多向度地把握、理解和享用中华各民族民俗文化。

十个系列仅仅是给定了民俗文库选题的范围和领域，而每本书的选题要求主要体现在两个方面。一是强调具体和细微。选题越具体越好，越细微越好。以往民俗文化方面的书，选题都比较大，侧重在"面"

上,而《民俗书系》的选题,侧重在"点"上。譬如中国民居方面的选题,以往即为中国民居,如陕北窑洞、蒙古包、客家民居、北京四合院等等,我们这套书要求选题更为具体,诸如门、床、窗、影壁、屋脊、砖雕、上梁仪式、天井等等。选题越具体、越集中,越能书写得深入,越能说得透彻,从不同方面把这一指向范围细微的"事象"的表现形式、过程、内涵阐述清楚。一个选题,仅涉及一个方面的话题或事物,全书就围绕一个具体的民俗"事象"集中笔墨展开阐述。

二是强调地域性。选择具有地方特色的民俗文化。选题不避偏,即便是不为外界所知的民俗文化"事象",也可以作为选题。这样的选题纳入整套书系之中,其所描述的对象就成为整个中华民族民间文化体系中的一部分,具有不可替代的位置。通过这套文库的出版,将这一原本影响不大的民俗文化"事象"推向全国,乃至世界。此处的地域是具体的,不是覆盖整个省,甚至大片地区和流域,而是局限于某一市县、某一城镇、某一村落。写一个具体地方的某一具体的民俗"事象",民俗"事象"所流传的范围是明确的。当然,也有的以一个地方的某一民俗"事象"为书写中心,适当涉及其他地方相同的民俗"事象",包括引用其起源、历史发展脉络和内涵分析等方面的相关资料,采用了以点带面的叙述范式。也有的通过图片的方式,连接其他地方同一民俗文化"事象",做一些适当比较。

在这两点要求的基础上,这套民俗书系的选题是开放性的,面向中华各民族的广袤大地和民俗文化的汪洋大海。

《民俗书系》中的每本书字数在6万～7万,配有多幅图。根据选题本身的特点选择不同的写作角度和呈现方式,甚至有的以图为主,文字只是起到辅助、说明的作用。也有的以一个故事或传说为引导,再进入民俗"事象"本身,展开层层阐述。每本书的结构简洁而又灵活，便于作者把握和读者阅读。在述与论的关系方面，以"述"为主，"述"是全书主要的行文方式和表现主体；以"论"为辅，富有层次地清晰演示特定民俗"事象"的表现形态及其现状和历史，说明其深厚的文化内涵，提供其社会及文化背景。每幅图片都有比较翔实的说明，诸如图片中的人是谁，都在干什么，主要景观和物品的名称、含义，画面属于仪式过程的哪个环节等。图片不是配图，不是为了美观，而是整本书的有机组成部分。

这套《民俗书系》追求一种原生态写作境界。这里的原生态，就是强调民俗表达的原汁原味。所使用的文字素材和图片基本上是作者自己采集到的第一手资料，夯实了全书的所有内容。这套书系的作者绝大多数不是学者或专业研究人员，而是地方文化精英，是地方民间文化传统的积极传承者。作者就是当地人，对这一选题或这一民俗"事象"最为熟悉，而且反复经历和参与过这一民俗活动，最了解这一民俗活动，并具有一定的书面语言表达能力，是最适合写这本书的人。作者对这一选题有比较丰富的资料积累和信息储备，是这一选题的代言人和权威，而书的出版更是对作者权威地位的认定。这套书系的价值主要不是学术上的，不是理论方法方面的，而是发掘地方民俗文化资源，真实、客观地再现了民俗文化，展示了民俗文化本身具有的文化魅力和现实意义。这套书系可称之为原生态民俗书系。

《民俗书系》编纂和出版的动机是宏伟的，具有高远的历史文化志向和神圣的现实责任感。这一浩大工程值得您的期待，更值得您的关注。

万建中

2015 年 1 月 20 日于京师园

目 录

引言 ·· 1

一 伐木

1 山场子活 ·· 7
2 伐木帮的组织结构 ····························· 24
3 伐木帮的信仰习俗 ····························· 32
4 伐木帮的歌谣与俗语 ·························· 37

二 拖木

1 神奇的拖木人：套户 ·························· 46
2 与牛、马为伴 ·································· 48
3 组套 ··· 58
4 祭山 ··· 69

三 放排

1 穿排 ··· 73

2　放排前的祭祀活动 ……………………………… 79

　3　南北水道 ………………………………………… 81

　4　放排人及其生活 ………………………………… 90

　5　放排人的歌谣 …………………………………… 95

四　抬木

　1　学规矩，记号子 ………………………………… 100

　2　号子行的组织结构及抬木工具 ………………… 105

　3　号子的名称和常见号子种类 …………………… 110

　4　森林号子的价值 ………………………………… 142

　5　号子行的行话隐语 ……………………………… 154

附录一　伐木帮歌谣选录 ……………………………… 159

附录二　放排人歌谣选录 ……………………………… 172

附录三　其他类型的森林号子简述 …………………… 175

后记 ……………………………………………………… 184

小知识目录

古怪的鞋子	22
木梆子	30
铡草	55
豆佰子	56
探道	67
鸭绿江主要哨口	87
松花江主要恶河	89

引 言

神奇的长白山，以其资源的丰富和景色的美丽而闻名于世。它是一座立体的资源宝库。岗峰连接，林海苍茫，是全人类共同的自然财富和自然遗产。长白山更为丰富和珍贵的，还有它的自然与人文文化的代表——长白山森林文化。森林文化是由于有了森林而产生的人类的生存记忆和生存历程。长白山森林文化是东北长白山区各族人民千百年来对森林实践活动的认识过程和思想积累。其中包括人在森林中的狩猎生活、渔猎生活、采伐生活、采摘生活、农耕及一系列生产活动事项。

长白山森林民俗的形成已有久远的历史。在《山海经》《东北史》《东北地域文化史》及诸多地方林业志和乡土志中均有明确记载，并已确定土著民族早期对长白山的开发及至近代各族人民对山林的开采都已形成完整的森林文化遗产。其中以自然文化、历史文化、民俗文化为典型的代表性森林文化是极具特色的长白山森林文化，更有如森林民间艺术、森林民间技艺、长白山森林号子等，已形成独具特色的长白山森林民俗文化，具有自己的典型性和唯一性。

东北长白山森林文化博大精深。在千百年的实践中逐渐形成独立的体系和诸多门类，并以其丰富性和多样性形成了系统性和完整性。它的突出特征是长期指导各民族人民在森林地域中生存生活，并具体地融合进人们的生存过程与生活实践，使得这种独特的文化以自己鲜明的特点和深刻的哲理支撑着北方民族的文化创造与科学进步，最终完成了民族的进步和社会的发展。

森林民俗是突出的地域性文化。地域文化是吸收传统文化并融合现代文明的一种常规文化类别。它以自己固定的自然地理不断地吸收着多民族的生存文化并迅速进行综合，以活态的形态展示出自己的功能，以鲜明的特点突显出自己的功能，以丰富的内涵把人类思想能力和精神能力集中展示出来。森林文化既包罗万象，又有规律可循；既五彩缤纷，又具体统一；而它最突出的特性是地域的概括性和历史的代表性，长白山的森林文化是人类和自然文化的代表性文化，以伐木、拖木、抬木、放排为主要内容。

约5亿年前，地球发生了喜马拉雅造山运动，欧亚大陆骤然崛起，火山爆发，长白山脉形成。在久远的岁月之中，草木逐渐在荒凉的石土上长起，形成了森林，森林给人类带来了生机，给荒芜带来了人烟。当人类依靠林木生存的时候，采伐也便悄然开始了。长白山的采伐历史十分久远，据考古挖掘记载，远在石器时代吉林就有了采伐活动。在今和龙市曾出土过黑曜石锯，而据碳-14测定，约3000年前在今吉林乌拉街一带就有人用铁锯进行森林采伐。

我国古代元明时期，土人曾对长白山的木材进行过开发。据《长白林业志》载，清康熙十六年（1677）和乾隆四十一年（1776），清政府两次对长白山区封禁，长白山周围的原始森林得以形成，鸭绿江流域自帽儿山（临江）起至二十四道沟中国一侧，森林茂密，郁郁葱葱。到清同治元年（1862），山东流民相继进入鸭绿江流域，从事采参、伐木及其他农事活动。光绪六年（1880）后，封禁的土地、围场陆续开放，小量的采伐业逐渐开始。光绪十八年（1892），清地方官吏与木商订立合同，以20万资金组成木植公司，在东边道（通化一带）从事采伐、贷款及征收木税等业务。木植公司将资金贷给料栈、把头，施以保护，当时木业生产曾盛极一时。但经营不久，地方官吏便乘机中饱私囊，引起商民不满，经营日趋消沉。光绪二十三年（1897），中俄合办的鸭绿江采木公司在东边道一带把采伐伸向长白山境内。此后兴办的采木组织还有1903年俄国建立的极东公司，派军人马德罗夫驻通化，对长白山森林进行掠夺性采伐，其采伐区已经达到横山一带。中日合办的鸭绿江采木公司设立前，从横山经小宝沟到九终点就修有运材轻轨铁道，按史料推算，当为俄商所修。日清商人合办的义盛公司不甘落后，竞相采伐。日俄战争之后，日本人作为战利品接替了俄国人在鸭绿江流域的采伐事业，沿江开设军用木材厂。光绪三十四年（1908），中日签订《鸭绿江采木公司章程》，确定开采长白山森林资源。按章程规定，其经营范围为鸭绿江右岸，西起临江的帽儿山，东到长白境内的二十四道沟，距江干流30公里以内，为公司的专采区；对界外森林的采伐，资金由公司贷给，所产木材由公司收买；中国地方官府建筑、修筑铁路等所需木材，均由该公司供给。至此，鸭绿江、浑江两江及长白山周围的森林采伐权统归日本，使长白山的大好森林遭受残酷的掠夺。

当时，除官办采伐组织外，民间采伐也很兴盛。据宣统二年（1910）调查，七道沟沟长80里，有木厂23处，年成排59张；八道沟沟长180里，木商、把头比比皆是。据1924年统计，长白境内有木厂177家，木把12 223人，年编排561张。据1919年鸭绿江采木公司编纂的《鸭绿江林业志》载：中华民国六年以前（1917），长白境内森林资源极为丰

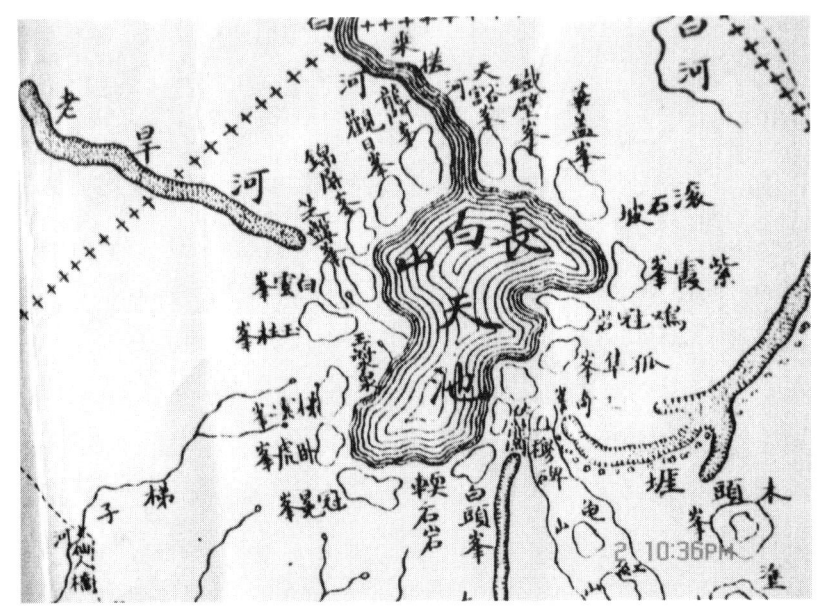

古长白山图表[1]

富,总蓄积量达 29 599 043 立方米。树种齐全,有红松、鱼鳞松、臭松、落叶松、赤柏松、杜松、柞、榆、椴、曲柳、黄檗、刺楸、杨、桦等,且距江越近材质越好。由于官民竞采,森林遭受极大破坏。采木公司成立后,实行垄断,排挤中国木商,使大批华人木把处于失业状态。

东北沦陷时期,长白山的森林采伐仍以中日合办鸭绿江采木公司经营为主体。1940 年采木公司合同期满,采木公司解体后,又相继成立了"鸭绿江采木组合""山下林业会社出张所""枯损木利用组合""县林业会社"等组织进行采伐。

---

[1] 张福有,曹保明,周长庆,梁琴.百年记忆[M].长春:吉林人民出版社,2009.

当年的采伐和运输主要是使用人力和简单的工具进行。到新中国成立初期继续使用人抬原木归楞、装车的采伐方式。1968年自营生产开始改用立杆式绞盘机装车。立杆是立一直径24厘米、长10米竖杆的一个架作为主轴,再立吊物吊杆。吊杆直径24厘米,长14米,吊杆根部与主轴根部连接在一起,上端斜立外张,经过滑轮用钢丝绳连结绞盘机升降木材来装车卸车。随着原条(原木)生产的开始,山上楞场也改为单线缆索归楞装车了。

通过采伐,人类从这座大山带走了多少树木呢?仅以《长白林业志》记载:长白山森林之采伐,在1908年以前,除料栈把头在沿江就近条件较好的地方采伐外,俄国在二十四道沟、横山一带,进行过大量采伐。日本在十九道沟以上设有军用木材厂生产军用木材,采伐量都无文字记载。鸭绿江采木公司成立后,采伐量逐渐增加,到1925年前后达到极盛时期,年采伐量达14万立方米。其后虽在1936年前后又一次出现高峰,但是,由于林区渐远,道路崎岖,资源减少,采伐事业日趋衰退。

一 伐木

伐木，就是把大树伐下、伐倒，又叫采伐。做这个工作的人叫伐木人。在地球北部的森林中，在长白山里，这些人被称为拔大毛的，或放大毛的，又称做大木头的。毛，又叫毛材，是指一棵完整的树。

在山场上"拔大毛"进行伐木和水场子进行放排的人，统称为"木把"。木把，是从事林业行当人的总称，也称为木帮，指以山林木材生产为活路的一个工种。

1 山场子活

山场子活是指木帮们在山上把树伐倒,指"做大木头"吃"山场子"饭。当年,"做大木头"的木帮们的生活民俗是一种极其生动的民俗,主要包括以下方面。

从前,森林采伐全是手工操作,即人力伐木、畜力集材、赶河流送。采伐季节都是在10月至翌年2月。采伐方法是先选树,然后用斧子砍树的根部,查看有无腐朽、瑕疵,如有弯曲、腐朽,则不予采伐。接下来用锯伐木。锯分两种:一种是大肚子锯(二人用),一种是弯把锯。

伐前找好树倒方向,锯到一定程度,在锯口对方用斧子"要楂"(打出一块木片,以便树的躺倒)。树倒后,砍去枝丫,按规格留出掏眼部分锯成"件子"。做"料子"的木材一般是"件子"集材到楞场后,按规格要求放线,用立锛砍出四个平面等待串排,这种方法一直延续到1931年才全部取消。从1916年开始推行日本编排法后,对伐倒的树木用弯把锯按原木规格锯成"件子"。此法目前在部分林场伐木中仍继续使用。

树伐倒后,接下来开始集材。集材就是把已伐的大树"件子"集中到山上楞场。

集材时间,一般是积雪结冰之后,到冰雪融化为止,利用冰雪滑道转运木材。采用的办法有两种。一种是畜力集材,使用疙瘩爬犁。用耕牛或马牵引,先用铁扒环固定木材的一头,以便拴绳套捆绑,将木材用吊绳绑系在爬犁横梁上。一张爬犁用2牛或3牛,每张爬犁每次可拽1~2立方米。另一种方法是冰沟集材,利用山场坡度,使木材下滑到楞场(称为山上楞场)。有时因山坡坡度平缓,须用人力拽,称为"跑小套"。

把山上楞场的木材运到中间楞场或编排场,这是树木的远途运输。这种运输主要采用轻轨运材和牛马吊子集运。轻轨运材,即利用地势走向的自然坡降,铺设轻便铁轨,将木材装在平车上,利用坡度自然向下方滑行,坡度平缓地带还须借助人力推,逆坡地带用畜力牵引。每车可装运木材4~8立方米。空车返回时都是上坡,用人推或用畜力拉。这种方式主要在二十道沟和十三道沟。牛马吊子集运,即将木材两端用斧子掏出方眼,用扒环扣子(即一米左右长的粗麻绳)将木材一截一截串连起来。可延续很长,用疙瘩爬犁畜力拽,遇下坡时每次可运10~20立方米,逆坡则变成数截多次倒运。这种方法运用地方较多,主要是二十三道沟和八道沟。

开山

东北,是寒冷的代名词。这儿往往从9月起,寒风就渐渐吹枯了树上的叶子和地上的草,严冬迈开大步向人间走来了。这时,山场子木帮从事采伐的黄金季节也就开始了。而且,要从当年10月至翌年2月,有4~5个月的时间要一直在山上劳作。大约从10月开始,纷纷扬扬的大雪就铺天盖地飞落下来了,于是老木把们就自言自语地说"该开套了"。开套,就是木帮们准备斧锯绳索,以备把林中的原木从山上伐倒运下。大雪一落，木帮进山。进山，先要开山。开山，就是举行一种仪式，告知山神爷（指老虎和山神）"我们要进山了"，要和大山打打招呼。打招呼，这是人类感谢大自然给予人类树木的一种感恩行为。人，要表达自己的谢意。首先，要杀猪。古语曰：黑牛白马祭苍天。伐木人开山，也要选祭黑毛猪以示对老林的尊重。黑，指厚重、实惠，表示人对自然、对森林的诚意。这时要请萨满跳神，以祭祀神灵。

从前的采伐者，他们多是从中原闯关东来的单身汉子。伐木是苦活、险活，但挣钱，所以闯关东的人都愿意投奔山场子当木把。从东北挣了钱，然后回关里的家过幸福生活。他们出山海关时，往往心里都默默地叨念：

出了山海关，两眼泪涟涟，
今日离了家，何日才得还？
一棵大树两吊半，要用命来换！

祭山把头

据说从前山东莱阳有一个姓孙的，老两口就一个儿子，取名叫孙良。这一年，莱阳一带大旱，人们连草根和树皮都吃光了。孙良听说关东山出人参，就和家人商量要去闯关东，可是到了长白山里连饿带累，昏倒在一块大卧牛石下。他醒来后，咬破手指在大石头上这样写道：

家住莱阳本姓孙，漂洋过海来挖参。
路上丢了好兄弟，找不到兄弟不甘心。
三天吃了个蝲蝲蛄，你说伤心不伤心。
今后有人来找我，顺着蛄河往上寻。

写完，孙良就死在这块卧牛石旁边了。后来，孙良就成了长白山里的老把头神，专门保护山里的各种劳动者，如放山、狩猎、伐木、放排、采集的人等。特别是放山、挖参、伐木和放排的木把们，在开山动斧之前，一定要去祭祀，不然是绝不可动斧的。

这种规俗已流传了千百年了。伐木开山来祭祀的木把们还要不断地讲述从前孙良爷的恩德，就是企望神灵能帮助自己，在伐采的过程中平安、吉祥。

开山祭拜，要由把头领着，在孙良的坟前摆好供品，点上香，倒上酒，然后跪倒磕头说：

> 山神爷，老把头，俺们供养您来了。看在俺是您徒弟的面上，保佑俺们这一季顺顺当当的。等木头下了山，俺们再来供奉您老把头。

然后，才能带上伐木的工具进山开锯。

伐木的工具很多。如开山斧，一般是铁、木结构。把长1米，粗0.8厘米。铁斧长12厘米，刃长16厘米，背厚0.8厘米。刀锯，铁木质，把长约60厘米，粗0.9厘米，宽12厘米。小悠，一般是麻质的，长约50厘米，粗2厘米。还有一种大掏锯，俗名大肚子锯，铁质，木把，长1.2米，两侧宽16厘米，中间肚宽26厘米。掐钩、搬钩、爬犁、夹套、料袋、卡绳、套杠、小杠等也要带上。

有一种架凳，木质的，是用自然形成的树枝丫做成的，一般高72厘米，粗0.8～1.2厘米。

还有一种背筐，是用树皮编制的，以便进山伐木时背工具和生活用品。

立在东山里（通化县快大茂镇）老把头坟前的绝命诗石碑——至今还在这里

祭树

祭祀完老把头神，准备好工具，接着伐木人开进大山，一场更加隆重的仪式还在等着伐木人。进山后的第一个步骤，先要祭树。祭树，先要选神树。选神树，是在山场子不远的地方，选一棵又直又高的树，一般是红松，用来"挂红"。这棵"挂红"的大树，就象征着进山后的山神之位。祭树的场地要是山场子上的一块平地，看上去顺当、好看，给人以眼亮（顺眼的意思）的感觉。而且，开山的伐木人，要早早买来鞭炮、烧纸，准备庆祝祭祀用；还要在出发的驻地门前雪地上插上"二踢脚"（一种两响的鞭炮），并带上成捆的纸钱。林场子山神之位旁的树上，也要挂上红。这红是指"小鞭"（就是成挂的鞭炮）。挂红千万不能用钉子来钉，要用铜钱来固定红布。因为"钉"和"定"

同音,而"定",有固定、不动、不扩展之意,开山伐树一固定,就说明这一季没前(钱)途,不顺利,不吉祥。所以,不能用钉子来钉红。而这个活,要由把头亲自动手。

摆供

挂红之后,把头宣布:现在开始摆供。摆供很有说道和讲究。上山要带整猪,要带猪头和猪爪,这表示是一只全猪。全,指有头有尾。有头,指从开山进山而去;有尾,指顺顺当当而归,是"全"的完整意念。人要完整去,又要完整而归,说明不缺谁少谁。摆供,非常讲究供物的名称和种类。除了猪头、猪爪之外,还要摆六样供果,这叫六六大顺。六,在中国民间信仰习俗中有重要地位,有留住福气运气之说。六样供果要分两大类,也就是面食和水果。面食,一般是包子、馒头、月饼之类,属民间供奉的代表性食品。有时也用糕点、炉果、八件、芙蓉糕、槽子糕等,但千万不能摆鸡蛋、糖球之类圆的食品(馒头除外)。因为蛋有"滚蛋"之意,糖球有滚动、滚球之嫌,而伐木最忌讳的就是"滚"字和"滚"音。滚,说明伐树出了危险,滚坡了,意味着伤人,所以坚决不能提。水果也摆三样,与食品一起组合成"六"的数字。水果供品一般是苹果、香蕉、橘子等,但决不可以摆梨或桃。因为梨和

给神树摆供
(敦化寒葱顶子林场,2005年1月拍摄)

"离"同音，这意味着伐木人离开了人世，是极不吉祥的预兆。而桃，又和"逃"同音，意味着逃跑、逃难，指出了大事或不幸，人要逃跑、逃亡，所以不吉祥。

摆好供，二把头（和大把头一样，是负责山场子活的安全员）要叫山。叫山，是以拴着红布的斧头向神树敲打三下，一边敲打一边说：

> 山神爷，老把头，
> 您醒醒吧，您该醒了。
> 我们要上山了，要采伐了，
> 告知您老一声：
> 我们要动山了，动树了。
> 请您开开山门，
> 俺们要进来了……

二把头敲完树，大把头跪下，继续整理一下供品。然后，他宣布：开山仪式现在正式开始。这时，山场子上的伐木人要整整齐齐跪下。把头喊祭辞：

> 山神爷，老把头，
> 俺们要伐木了。
> 请您老人家开开山门，
> 我们进去伐木，
> 请您保佑我们顺顺当当的。
> 等我们这一季平平安安、顺顺当当地下来，
> 再来祭祀您山神老把头。

把头每说一句,大家在下边都跟着说一句。然后,大把头在树前树后给神树倒酒,并点燃纸钱……这时候,进山的木把们也争先恐后地上前,开烧。他们一边烧,一边默默地向山神祈福,主要是希望平安、顺利、不出事……其实这种仪式在伐木人心中是一个深刻的提醒,让大家注意安全。这是在一种庄重场合反复强调的事,也是一种巧妙地让人记住重要嘱咐的方式,是森林文化中的传统民俗。

盖窝棚

进山伐木,人要先盖房子。哪儿有水、有木头,就在哪儿盖房子和马架子。盖房子用原木(圆木)和青苔毛子、树枝子等材料。马架子俗名霸王圈,用木头刻成,中间用青苔毛子堵在木卡房子的缝上,不漏泥,还暖和。炕头上先铺松树枝子,然后放上羊草,人在上边睡。屋里地当中有一个大锅叫盘地锅,盘地锅扣过来,晚上留给木把们烤鞋和衣裳。在山场子上,伐木人自己搭建的住处,其实都非常简易,因为他们伐完这个场子,就会马上离开,转换到另一块伐场去。可是,如果伐场子远了,那就得搭盖一些比较

山场子地窝棚
(敦化林场黄泥河山场子,2001年1月拍摄)

坚固的窝棚,人们称为大木刻楞子窝棚。

选树

虽然进山了,但开山的伐木人在山上劳作,很讲究伐头一棵树。伐头一棵树,也要选树。据说,这是北土老人的告知。北土老人,是长白山里的老树神。这头一棵树,要从各种树中去挑选。长白山林,各种树木都有,而且种类繁多。

伐木是神圣的事业,所以要在众多的各类树中选。选树主要是选独特种类,且是有代表性的种类。一般是选桦、松、椵、水曲柳、黄檗等,因为这些树长得高、大、直,预示着这一季采伐顺利、吉祥,能挣大钱。长白山最著名的是红松林。

放头一棵树叫开锯或头锯。头一锯放顺山倒,以示这一季顺顺当当、平安无事。

喊山

从前,采伐条件非常简陋,两个人一组,快码子大肚子锯,一人一柄开山斧,那斧头有半尺宽的刃。两人对着放,一个左撇子,一个右撇子,全凭熟练和胆大。放每棵树前,先用开山斧砍树的根部,查看一下有没有腐朽、瑕疵,俗话叫"叫山";如有一点弯曲,俗话叫"过性木",则不采不伐。林子大,木头好,则挑着做。采伐前,先找好树的倒向。大肚子锯对面掏到一定程度,然后在锯口对面用斧子要楂(向锯口方向砍出一个豁)。

要过楂,树会发出"咔咔"的响声,凭这个判断树的倒向和倒下的时间，要及时喊山。

喊山，其实是人与人之间的相互告慰，也是给对方提个醒。但也有人认为这是对自然的一种回报，对神灵的一种祭祀。喊的人心中带着一种虔诚，认为这是神灵送给人类的礼物，人要答谢。不管怎么说，喊声是人类在从事采伐生涯的久远历史中总结出来的一项重要的经验和体会。这是一种非常壮观的声音，而干活的时候则不许大声说话。

木帮们干山场子活特别辛苦，早起两点钟就从大房子出来往场子

开锯
（敦化寒葱顶子林场，2005年1月拍摄）

上走。走十多里地，到山场子时大毛星还没退呢。林子里一片漆黑，干两个钟点也不见天亮，只听林子里"扑扑腾腾"地响。黑夜放树也来不及喊山，全凭耳朵和感觉。听着风声和动静，树倒时要赶紧躲，手脚要利索，不然就被砸成个肉饼。

喊山有三种：顺山倒、排山倒和迎山倒。

伐树喊山先喊顺山倒。树生长的地方往往是山坡，而且树的根部向山下倾斜，在采伐后，树一定会顺着向山下倒去。顺山倒的树小头朝下，树根较平稳地连在树墩上，下锯下斧都可从容不迫，平安保险。所以，顺山倒往往也是一种吉祥的标志，往往在开锯前或年节以及老把头生日这天的一早一晚，都要先伐一棵顺山倒，以示平安和吉顺。

排山倒，是指树横着倒向山坡。这种树生长的地理位置往往是在不十分平坦的山林地带，树的根部在下，锯后向两边斜去。这种倒法

最易形成罗圈挂,也叫吊死鬼,指放倒的树几棵同时压在一棵树上,形成一个罗圈状。这时,木把必须钻进罗圈,将支撑的树伐倒。这活很危险,对这样的活,木帮歌谣中说:

> 钻进罗圈套,木把命难保。伐倒大树赶紧跑,稍慢一步命报销。

所以,排山倒往往也象征着伐木人的命运不济,要摊上横事,不吉利,不顺当。其实,伐木人的命运时时都在危难之中。他们在给自己编的歌谣中说:

> 要吃"横山"饭,就得拿命换。走进木帮房,好似进牢房。
> 推起轱辘马,险道滚大梁。断闸砸伤腿,甩车压断肠。
> 吃的橡子面,咽的苦菜汤。把头抡棒打,财东似虎狼。

迎山倒,这里指树向山上倒去。迎山倒危险性小,也是一种吉祥的方式。这样的树往往根部底下长,山的坡度较大,伐木人顺从其长相和坡度,使上榨深、下榨浅,便形成了迎山倒。在森林里从事采伐,天亮以后,木帮们开始喊山了。随着喊声、锯声和"叮叮当当"开山斧的声响,林子里的厚雪被倒树拍起,漫天老林里腾起蒙蒙的雪雾,烟一般在老林中弥漫。

抽林子

伐木有几种形式,一种是伐完不用往山下运,承包给套户们去运。另一种是伐木人自己把木头运下山,这样的伐木活头一样是伐完要抽林子。抽林子，顾名思义，就是把伐的木材（俗称件子）往一个地方归。这一切，全是在冰天雪地里进行的，因此，抽林子是最危险的活计。成山的原木堆在山上的雪窝子里，要运到山下，使用的是一种叫疙瘩套的爬犁。抽林子之前，木把要根据地形把木头顺过来，大头冲大头，小头归小头，粗细分别排列，然后由抽林子的人在一头掏上眼，穿上棕绳，系好吊子，爬犁一来，搭上一头便走。爬犁有二头牛的也有三头牛的。两个人，一个在前边牵牛，一个手拿挖杠，前后左右跑，不停地左右拨道，这就是抽林子。抽林子经常在下山时稳不住吊，俗称跑坡。跑坡就是爬犁下山时，由于冲力过大，牛稳不住，巨大的木头从上而下直贯而来，往往人死畜亡，最后木把连尸体都寻不着。

放箭子车

与抽林子相反，放箭子车是选好一定的山地，修上一条雪道，然后把木头一件或几件地放上去，让木头依靠雪道一直滑到山下。放箭子车这种运送方式比抽林子的疙瘩爬犁要快，但危险性更大。

首先要修箭子道。箭子道起处往往在山腰或山顶上。严冬，山里本来雪就大，而山岗顶上的风更硬更刺骨。修箭子道的人要起大早，上山去清理夜间积下的冰雪。老山里，往往一夜间，大雪就覆盖了一切。刺骨的风，把雪冻得邦邦硬，一檩子一檩子地堆在山岗上，再也找不到前一夜修好的箭子道了。木把手握刨镐，手和鼻子都冻烂了，往往跪在雪壳子（冻硬的雪地）里抠箭子道。

放箭子车最怕起茬子，就是箭子道上起了鼓，原木前头被卡住而后边的冲力太大，一下子射出去。那巨大的原木就像一支离弦的箭，一下子穿进老林，顷刻间要了人的命。

1914年，漫江林场的箭子车出了事，在半里地外归楞的21个木把顷刻间血肉模糊。在长白山里，哪儿没有木把们的白骨啊。

赶河

把木材集到山下，还有一种方式叫赶河，一般在冬末春初。长白山里水资源十分丰富，沟沟岔岔都有水，于是生活在这里的人便学会了利用水。当山上的积雪开始融化，沟沟岔岔的水也流动了，木把们把一个个件子放到水中，他们手握把钩（一种三四米长、一头带一个铁钩的东西），或站在原木上或在岸边跟着走，把这些木头运送到大江边。

赶河又叫放散羊。放散羊的历史较早，从前，山民们也用这种办法来运送木材。放散羊要求木帮人要胆大心细，在一根一根的圆木上跳来跳去，不停地归拢这些木头，不使它们散帮。脚下稍有不稳，一条腿或整个身子就会顺木而下，别的木头再一滚，人就变成了一张肉饼。常常有这样的事情，方才还看到这人站在木头上，一转眼，人便无影无踪了，已掉进江水里，永别人世间。

放冰沟

放冰沟，民间又叫放尾木。在秋天时选好山景坡地，挑开两三米宽的深沟，单等雪落。进入十一月，山上开始落雪了，秋天挖的土沟被厚厚的白雪覆盖着。木把们跳进沟里，把暄雪压实，再不停地泼水，使沟底子上冻得邦邦硬，这叫冰沟。沟的两侧用木头砌起半米高的木墙，算做是冰沟的垛子。这时，成山的木头堆在山顶上，用爬犁不好拖，只好用冰沟来溜放。在寒冷的雪风中，冰沟闪着银色的白光，铮亮铮亮的，看上去直刺眼。

冰沟的中间设挡。挡是一种顺木，一米多长，镶在木楂的格子里，一旦木头飞得过快，立刻出挡，这样就可以减速，减少冰沟下边人员的危险。放冰沟最可怕的是跑坡，俗称打箭子，就是木头从冰沟里飞出去，像箭一样在林子里飞，顷刻间便会把人放倒。控制挡的人要精明灵活，耳朵好使，眼睛快，时刻防止木件跑坡。

放冰沟是山林里木把们极壮观的事业。木头在冰沟里飞奔，"隆隆"地响，就像一架巨大的飞机从道上飞奔，时刻准备冲上蓝天。木头一头冲起的雪粉在空中弥漫着，寒风吹刮着空中的雪粒和冰块，刮得人睁不开眼睛。放冰沟前，山上头放挡的人敲锣。以锣为信号，每当木头下来，他"铛"地敲一声锣，大喊："下——去——啦——！"各个挡口都有人传话，从上到下，五个人看着冰沟，十分威武。

放冰沟太危险，而且非常忌讳女人的责骂。人们说女人说话准，说什么都很应验，所以山里伐木和放冰沟时，不许女人到场，甚至如果第二天上山，头天晚上都不能和女人同床，以免出事。这种民俗在木把当中相当流行。

开套和掐套

把山里的木材集中到山下边的排场，这一切活计都叫山场子活。这作是俗话说的开套。干完了山场子活叫掐套。开套往往是秋冬十月，掐套往往是来年二三月。套，指绳套。山场子活离不开绳子，所以关东山历年盛产烟麻。而山场子的木把和水场子的排夫都离不开绳子，所以木把们不但是出力气的，他们还得有相当不错的技术，比如打绳子，就是他们必须要会的一门手艺。

把头在挑木把时，往往问："你开得了套吗？"就是指你能自个打绳子吗。如果你回答"自个开套"，他还要问师傅是谁，在家艺还是外来艺。一个自己开套的木把的工钱和别人不一样。如果自己开不了套，就只能挣半拉子或小打的工钱。

开套在山里木帮的概念中是过了小雪的时日，外出的、串亲家的、玩牌的、猫冬的都回来了，一心等着开套。每个木把都属于自己柜上的人。到了这个日子，掌柜的派把头到木把们居住的村村屯屯喊："明个开套！明个开套！"当天晚上，家家都开始准备。先买好鞭炮，第二天，各柜头的伙计三五一伙，在村口屯头放鞭炮，高喊："开套啦！开套啦！"放完鞭，烧纸码，拜山神爷老把头，然后背上线麻，带上工具，进山场子了。从前，各大柜为了省钱，从来不买现成的绳子，只发给木把线麻，绳子由木把们自己打。打麻绳使用的工具民间叫绳车子，一边三五个人，双手握住老木帮子，腰和屁股拼命朝一个方向晃动，给麻上劲。

打完绳子，就要编扣子。编扣子，俗称割扣子，就是编抽林子和放箭子车时用的绳索。这种绳索又叫霸王套子，用量非常大，两股，头大，后边像猫尾巴，根细，然后系个花，一转压住，接着用木槌砸一砸，挑出花来。水泡解不开，着急时就得用斧子剁下去。编套结绳子往往要干个十天半月的。一到开春，没用完的霸王套子像明太鱼似的，在漫山遍野的泥雪中扔得到处都是，跟头绊脚的。

掐套，是指山场子活完了。这样的季节正逢山上冰雪开化，路泥泞了，爬犁再也不能动了，而且，家里有地的，也该回去侍弄侍弄啦。掐套时就要结账。账分几种。有的是木把们包下来的长活，就是从山上伐木到拖运的全套活，这就是俗话说的挣囫囵钱；还有的是件子活，根据伐多少、拖运多少木材来结算。其中木把们大多是当地的地户，冬时上山，农忙时下山，光干山场子活，不做水场子事。掐套要有仪式，主要是领了红钱后，要买红纸、鞭炮、猪头，去拜山神爷老把头庙。这时，木把们备上好酒，倒在葫芦头里，再倒满酒盅子，摆在庙门前，由爬犁头掌柜的领着，大伙齐刷刷跪下，开拜；先冲老把头磕头，向上下左右各洒一杯，再把酒洒在庙门前，然后烧纸放鞭炮；之后把猪头拎回家，炖粉条子，大伙饱食一顿。这就是整个山场子活——伐木、运木结束了。

小知识◎古怪的鞋子

在山上伐木，木把们都得穿一种叫靰鞡的鞋，这种鞋宽松、暖和。靰鞡是东北人一种独特的鞋子，特别是放山伐木者，必穿无疑。据说这种鞋是皇封的鞋。传说有一年，乾隆东巡来到吉林乌拉，见这儿的百姓脚裹一块牛皮，用绳子一绑就走，他问："这是什么？"百姓说："鞋。"乾隆一想，这地方的"鞋"真奇怪，反正也没名，就叫乌拉吧。因吉林从前叫乌拉，乌拉是地名，不能重名，于是后来就变成了"靰鞡"二字，指用皮革做成的鞋。吉林当地有一条谜语说："老头老头您别笑，破个闷你不知道，什么解下它不走，绳子一绑它就跑？"说的就是木帮们穿的靰鞡。

靰鞡，古籍已有记载。《奉天通志》载："靰鞡，满语革履也，通作靰鞡。往日沈阳皇寺贮有太祖所御靰鞡。今人皆着之。"指皇太祖努尔哈赤穿过。

靰鞡又分大褶靰鞡和小褶靰鞡。大褶靰鞡产于乌拉街，是 8 个褶;小褶靰鞡产于辽宁海城牛庄,是 10 个褶。靰鞡里边当然都要絮靰鞡草,絮草费时间,所以把头往往骂那些动作慢的小木把。木把多没有家,都是单身,过年往往住在山里的木房子里,或者去山下找接人的旅店住。等山场子活一开始,再由打扮人的(组织干活的二把头)把他们领上山去干活,店钱由木场子(伐木场的掌柜,也叫东家)派去的打扮人的给开付。

2 伐木帮的组织结构

长白山的伐木人有伐木帮。伐木帮的组织结构和分工是这样的：山场子上一个场子有一个大柜、一个二柜，下分场子把头、爬犁头、槽子头。

大柜

大柜——温友
（在二道甸子、三岔子、大阳岔一带山里当场子大柜，已过世多年，这是富育光手绘图，2002年作于长春）

大柜，他是这一季山场子上主要说了算的人物，往往由他出资打扮（组织）这一季的伐木人。此人要有钱有势，先要发给木把们一些老钱。老钱，指木把们去年欠饭店的酒饭钱、欠旅店的住店钱。这些木把们往往住在沿江小镇的各个旅店里，欠下了店钱，动不了身子。这时，店主往往和大柜通光，说他那儿有多少多少个好木把，但要打扮（武装他们上阵）就得先替他们交付店钱。这时大柜要先拿许多钱,把木把他们该人家的饥荒(欠的钱)还了,然后双方签字画押,才能领他们上山。大柜说一不二。从前长白山里出名的大柜,如二十四道沟王迷糊、十二道沟金怀塔、辉南吴凤楼,都是"黑白两道"、家有万贯的手,山里山外都出名。

二柜

二柜是大柜的副手。此人往往替大柜跑外,掌握财权和人权。这人往往是大柜的至交,也有的是亲兄弟。二柜要熟悉山场子的各种技术活。别人不懂的,他得懂,对方想唬他可唬不了。这二柜往往是在木把堆里滚来滚去的手,在木把中间,他是说一不二的人。民间常说"二柜傻,大柜精,是金是银分得清"。东北人说的"傻",是说这人实干、不玩花架子。

把头

在山场子上干活,领头的这个人叫把头。把头这个词大概是地方方言,如在中原地区有工头(领工人干活的人)。而把头只是北方的方言,这可能是北方民间方言与民族语言相融合产生的名词。如蒙古族称英雄为"巴特尔"或"把突",此音和把头相近,加之东北早期有些地方是蒙古王爷的属地,各民族从语言中相互借鉴,也是不无可能的。从地方方言来分析,"把"也是"帮"之意,把头也可能是帮头之意,就是这一行帮的领头人之意。蒙语中"巴特尔"是指英雄,以此为把头做解释,也合乎道理,因为把头确实是一位了不起的人物,可以称为是木把中的英雄。在山上伐木抽林子、放箭子车,这一切,全要靠把头发号施令来进行。他要懂得山上活时计各道工序的发生、发展和结局,而且包括开套、掐套时的各种仪式活动;在山上干活时遇到各种意想不到的事情都要靠他去排除;他有应付残酷大自然的经验和本领,在山上渴了吃雪时,他会告诉初来乍到的人:"先别吃,把雪在手里攥一攥。你不要你的牙啦。"在户外干完活回去时,一到大房子门口,把头往往对大伙说:"先别进屋。"别人不知,问:"咋的?""先用雪搓搓脸。千万别先烤火。不然脸会烂,起泡。"这都是经验,叫人佩服的把头视这些知识为常识。

当然也有坏的把头,他们是大柜、二柜的心腹,和主子一起对付穷木把。从前,木帮们住的是大房子,几十甚至上百人住一个屋。南北大炕,屋当间放一个大炉子,专门有小打负责看管,日夜烧木桦子,大炉子烧得"哞哞"叫,可屋里还是寒风刺骨。木帮们整天在没腰深的雪壳子里走来走去,从脚到裤腰都是水淋淋的,下晚回到大房子后,先要烤鞋和裤子。大炉子周围是酸臭的袜子、靰鞡和湿棉裤。第二天早上,天还麻麻黑,把头就喊:"起!"这时木把们要迅速摸靰鞡,絮自个的靰鞡草,稍有怠慢,把头的木棒子就搐在你的头上,并骂:"也没有吃奶的孩子,我叫你磨蹭!"把头对木把们非打即骂,轻则打伤,重则打死。即使打死一个木把,也不过像踩死山上的一只蚂蚁。

从前,长白县大柜王迷糊手下的大把头叫李青山,这人坏,整天手拎一把锤子,谁不听话,一锤子下去就打死,这叫"一锤定音"。大伙都怕他,他一出现,大伙就互相传"锤子来了"。锤子是厉害的意思。李青山有时不打人,而把犯了纪的木把绑在大炉子前,脱去衣服,用炉火烤肚子。木把疼得叫唤:"爷,饶了俺吧……"他呵呵笑着,自顾自地抽着大烟。木把们干活时,有些把头猫在树后偷偷看、听,观察木把动静,稍有不慎被抓住,没个好,轻者罚工钱,重者绑起来捆树上冻死。

爬犁头

爬犁头是山场子上专门管理抽林子爬犁的把头。此人往往身经百战,一张爬犁两个牛,他要管理牛和人。特别是他要指挥挖杠的,并负责对吊子的人时时挂吊子、摘吊子。吊硬了、吊软了,都不行,特别是到坡口。坡口,是指这条爬犁道的最高处。这样的地形,人慢、木头快,往往最容易叠被(木头从后往前挤向前方,一层层罗起来)。牛在道槽子里走,眼看到坡口,为防止叠被,牛要赶紧赶。快赶时,喊:"驾——!驾驾——!"停下时,不喊停,喊:"拴——!"牛就会停下了。

爬犁头——袁正学
(在抚松漫江一带的山里从事山场子活,2012年拍摄)

爬犁头要求特别熟悉牛马的习性。此人从前往往是牲口贩子，或者是常年跑外的车豁子（老板子），所以他对各样的牲口极其了解。如抽林子，架好牛不坐坡。要挑选好的辕牛，一头好辕牛往往比稍牛（爬犁最前边的那头牛）价高很多。到坡口时最怕辕牛不坐坡。选牛时要看看牛的后腿窝宽不宽，如腿窝宽，这样的牛喜欢坐坡，多高价都要。再就是选稍牛。稍牛和辕牛一样，一定要听话，鞭子怎么钩，就怎么跑。稍牛的价略次于辕牛。中间的牛叫腰梗子。为了减少每组爬犁的成本，除了辕牛、稍牛花大钱外，腰梗子选什么牛都行，主要是为了成套。一副爬犁套，三头牛缺一不可，缺了也不吉利。

在山上赶爬犁，爬犁头不停地跑，早起天不亮就干，下晚到小半夜。从这个楞场到那个楞场，一天跑两个来回。拉爬犁的牲口，到春夏之季老排在一起，山场泥泞了，牲口就放进林子里养着。

放牛也是爬犁头的事，但他往往交代给小打后，自个休养一下，等八月秋风一起，再去赶爬犁。

爬犁头放牛时有他的高招。把牛散放在林子里，定期叫人去送盐。盐撒在固定的木头上（往往是一棵倒树），送盐的人往往一喊："喵——！喵喵——！"牛知道是送盐的，于是就来了。也可以敲牛梆子（一种唤牛的木具）。在长白山区，各家主人对各家的牛有一定的呼唤方式，那就是梆子点。有的是"梆——！梆——！梆——！"打大三点；有的是"梆——！梆——！"打两下。各家牛都熟悉主人送盐的梆子声。

槽子头

槽子头是指负责压槽子的把头。槽子也叫箭子道，是伐木人利用山形坡势修造起来的冰雪跑道，以便于木把们把原木从上往下滑送。

槽子头首先要管理好箭子道。他必须是个熟悉深山老林气候的人。严冬到来了，头场雪入山的木把能干 125 天活，所以人人必须抓紧时间，以便能走头一趟爬犁。俗话说"头趟木头好，过午就不行"，是指头趟天冷、雪硬，爬犁和木头都易滑动。如果槽子头心眼不好，不派你干早活，就比别人出的件子少。

槽子头怕风不怕雪。他往往头天白天或晚上观看天相，试试第二天风多大，就知道他第二天早上多早起。如果夜里起风，一刮，道槽子上被片起了雪杠子，大柜就拿槽子头是问。这样，夜里一起风，或经过风口的道槽子附近，槽子头都要领人加风杖子（就是用树枝子，在离道槽子一定距离的地方，起杖挡雪）。这活，简直不是人干的。严冬，黎明前，北方寒风刺骨，老风打着呼哨，在荒旷寒冷的林子间、山冈上嚎叫……林子里雪壳子上，恐怖吓人，风的嚎叫声像鬼叫。木把们常说这是一个高丽人的鬼魂在号叫。传说，从前有个高丽人，上山打木头，由于两宿没睡觉，干活累得倒在雪壳子上睡着了，结果冻死了。一场大雪把他的尸体埋上了。第二年开春，人们看见他躺在雪堆里，手握开山斧，好人一样待在那儿，一碰，他"嚎"地叫了一声，那是嘴里堵着口气。从此，谁也不敢晚上出门，怕碰上高丽鬼。其实，他也是人哪。这种管槽子的槽子头，就要懂得这些风俗。高丽鬼一叫，要赶快烧纸，还要领着兄弟们叨咕叨咕："伙计，你别喊了，俺们看你来啦。"不管天多冷，不管夜多可怕，槽子头也要领人保护好槽子道，以便第二天木头能顺利地从槽子道上下去。

小知识◎木梆子

梆子很有意思,是典型的长白山里的木文化。木文化,源于长白山区使用木头敲击出来的一种声音,形成了一种有独特意义的地域文化,比如老山里木梆子的使用,就是一种神秘的长白山地域文化。

这种梆子直径17～18厘米,长70～80厘米,有圆柱形的,也有两头圆、中间扁的。无论什么形状,梆子两头都留有5～6厘米的树皮,以防梆子干裂。木梆中间有一扁口,以便用凿子挖空里面,两头带树皮的地方各用木钻钻一孔,用麻绳或苞米胡子(苞米楼子)缠在头上,使其声音淳厚。敲梆子的木槌一般用柞木或水曲柳等硬质木做成,长30～40厘米,粗若拇指。有些讲究的人家,还在梆子两端刻上花纹,还有雕龙描凤的,十分精致有趣儿。

据尹乐祝《梆子声——长白山区的秘密语言》记载:他曾经在长白县新房镇一带采访了80岁高龄的王立德老人和他的妻子以及老木把韩文海等人,这些人都是长白山木梆子的制造者,也是敲击者。从前,山里人一堆一块,居住较散,人烟稀少,人们不便大声说话,主要是因为大声说话怕引来野兽,又怕冲撞了山神。但人又不能不说话、不传达信息、不表达用意,那么怎么办?于是山里人发明了敲击木梆子的方法,这是山里人智慧的结晶。如饭做好了,只能饭等人,不能让人等饭,饭一好,就以敲梆子为号,通知山里的丈夫回来吃饭，告诉放牛的人回来歇着，招呼放山的人回来睡觉，等等。这些复杂的内容全靠使用木梆的敲击声来完成。这种梆子普遍用黄檗、青秸子木做成，这种木的木质较软，声音响且脆，传得远。梆子声没有固定节奏，视要叫的人的远近和内容而定。而且敲时各家有各家的暗语，也就是长短、轻重和快慢等声音不同，可奇怪的是，各家的牛、马都能听出自己人敲的声音。这是一种关于辅助语言的民俗，也是一种特定的地域文化。

3　伐木帮的信仰习俗

伐木帮，在这里单指山场子活（从事山上采伐）行业的人。俗话说：哪路人敬哪路神仙，这话一点不假。山场子活的木帮们进山伐木，首先敬奉的就是山神爷老把头孙良，他是放山、伐木、狩猎、采参之人总的祖师爷，就连放山的头人，也都称他为把头。木帮中，把刚来的人称初把或雏把，山里从事各项活动的人见面都称把头，从这些称呼可见木帮对这位神的崇敬。木帮们也供拜树木之神，表示对自然的尊重。

伐木和其他活动一样，都是在山里进行的。所以进山第一件事就是在开斧（山场子活）前一天，祭祀老把头。大的木场子早有盖好的庙，直接祭祀。如果是新开的场子，原先没有庙，就得找三块石头，在石头砬子下、在树洞旁或在山坡上搭个山神爷老把头庙进行祭拜。石头砬子是老把头的房檐，树洞是老把头的神洞，山坡朝阳处是老把头经常出没的地方，所以伐木人多选这样的地方修庙。用红布盖在一块树皮上，算作老爷府。大家跪下参拜。由于孙良放山时挂着一个五尺棍，后人放山也拿个棍子，叫索拨棍。三月十六日是老把头的生日，放山人要放假，杀猪宰羊为老把头过生日。拜完了，木把们回到大房子，大碗面、大碗肉,管够造(吃)一顿,第二天出山。

这些山规习俗其实都是人们对自己崇拜的人的一种尊敬,乞求能得到他的暗中帮助。

在山里干活,不许随便说话,怕冲撞了山神;也不许随便吃东西,怕咬了风水;晚上睡觉一律头朝南,开山斧和各种工具要排齐,放在炕梢;鞋尖要冲门口,做梦不许告诉别人,怕说漏了天机。

麻达山(迷路)不要慌。初次进入林区或是离伙走散的人,由于地理情况不熟而迷路,俗称麻达山。这时迷路人精神紧张,越紧张心越慌,出现掉向,视东为西,看南是北,总认为前面就是方才走过的路。尤其在夜间,在原地附近不停地徘徊,直至气力耗尽,饥渴冻饿而死者屡见不鲜。有经验的木把,虽常年在林间,有时也会出现麻达山现象。当他意识到麻达山了,就赶紧找棵树根蹲下,不急着乱走,空消耗体力,而是等待恢复神志。天黑了他打起火堆,发出求救信号,驱寒熏蚊,打起小宿。可通过白天观察树皮颜色,看树枝头的稀疏或看太阳、水的流向,晚间看月亮来判别方向,最后走出迷津。

在山里,人和动物也有了感情。伐木人和其他行帮就经常保护一种叫豺狼狗子的动物。传说豺狼狗子在山里对伐木人很有感情,也有的说它是老把头的看家狗。这种动物是食肉动物,牙、爪尖利,身躯不大,善于跳跃,爬树赛过家猫,叫声似巴狗叫,多是群体活动。伐木人在山里打小宿或是搭子,住木把房子,往往都有意识地把剩饭或饭渣等撒到房子周围,当豺狼狗子觅食时看到后,即在房子或宿地周围撒上一圈尿,其他动物嗅到豺狼狗子的尿味儿,都退避三舍,不敢靠近,木把就可安心睡大觉。

平时,木把们在山上说话要十分注意,不能提"断""砸""折""压"等音和字;也不能说"掉"字,如斧子掉头了,只能说"出山"了;

上吊叫"背毛"。总之，就是图个吉利。要说吉利话，不能说丧气话。不论放山采参或当木把伐木，在山里山外，为图吉利都不准说些个不三不四的话，否则会遇上死亡的危险。年三十煮饺子，煮破了不能说破，要说"挣了"；黄米要说成元米，忌讳说"黄"字。早年伐木人在山里干活规矩很多，一旦违反就会遭到同行的排挤或把头的打骂。伐木后的树根即树墩，无论是新的、旧的都不能坐在上面休息，因为这树墩就是老把头的座位，凡人是坐不得的，坐了就会得罪老把头而遭祸，对大家都不利。其实这是伐木人对森林的一种尊重。

山里的伐木帮，搭房子也很有说道。长白山当地人也有叫搭马架子或地窨子的。进山踏查、测量、采松子等作业，因路远不便于返回驻地，而这种作业时间不仅是十天半月的，所以就得选地搭子，支上临时锅灶，解决食宿。子就是家，通称房子。在子里吃饭、睡觉、休息，还可避免野兽的侵害。子搭在什么地方要由带头人选择，一般要选择向阳背风、靠近水源、地势平坦宽阔的地方。放山人搭子讲究更多，认为南为小、北为大，北面是老把头的地方，东方青龙、西方白虎，只能西山头比东山头高，否则，就犯青龙压白虎的大忌，是不吉利的。子或马架子，一般都是先用木杆搭成"人"字架，依次排开，绑上横梁把"人"字架架牢，子长短依能住开的人数而定。"人"字架的两坡用桦树皮或椴树皮苫上，也有的用树枝压上，使之能避雨。一头堵上，另一头作出入的门户，里面用松树枝叶铺上半尺厚作铺，上面可睡觉休息。天冷时，子中央用油桶作炉子，烟筒朝天，睡觉时不停地烧火取暖。地窨子基本和地子一样，主要是怕天冷，住的时间长，在子里向地下挖去半米多深，这样更易于保温。还有的子更别致，顺"人"字架从前到后两边搭地铺，铺上苫好的草防止雨刮进即可。中间一溜上方全敞开，就地打起火堆。夜间火映红天空，有时大雁从空中飞行，看见下面有火光，眼花缭乱，一头掉进火堆，便成为人们的美餐。

晚上睡觉打火堆。打火堆是放山人或木帮不可少的习俗。人住下后就打起火堆，燃起篝火，一直不熄，直到人们离去。打火堆好处很多：可以驱赶烦人的蚊虫小咬；可以防止野兽；可以防潮取暖、烘烤衣服；可以为人指路，天黑了看见火堆就不会迷路，白天看见浓烟可判断出离房子的远近。

夏季在山里放山休息叫打小宿。这是在山里，天黑了回不了房子或驻地，或麻达山的人采取的临时措施。人们可倚在大树根下，砍些树枝倚在树干上，以防露水打湿衣服；可席地而坐，打起火堆可驱赶蚊虫小咬和取暖，避免野兽靠近。有了火堆就可壮胆，待天亮就可择路走开。人多的也可简单搭起"人"字架披上树枝，四周用树枝堵上，用来防风防雨，而且人们可在里面休息。

山场子活从头场雪开始一直干到第二年二三月，大年也要在山上过。木把过年，说道更多。木把们常说，过年了，砍"过年树"。"过年树"是指年三十那天干一上午，下午每人伐一棵。这棵树，很有说道。第一，要找顺山倒的，以示这一年求得万事平顺；第二，下锯要绝对有尺寸；第三，这棵树夜里一定要站住，大风刮不倒，大雪压不倒。第二天早上（初一）当饺子下锅后，把头拎锯上山，几锯就要放倒这棵树，然后齐喊"顺山倒——"，再回去吃饭。回去时，饺子还不能煮涝锅。这就叫木把过年。

这种仪式的背后，隐藏着一种和大自然决斗的雄风杀气，是木把们战胜自然、征服自然的一种宏大的气度。试想，伐这棵树要有多么大的难度，先割几锯，在山林里放一宿，还要不歪不倒；第二天早上，还要在有限的时间里几锯伐倒大树，然后才能回去吃饺子过年。这是种高难度技术，是木把大无畏气度的展示。老林中深夜风猛雪大，被砍了的树又有锯口，但却不被刮倒，这是多么难啊！所以，他们这是用自己的实力和技术向山神大自然宣告：我们也不是好欺负的人。这是一种向大自然挑战的声音。同时，这也是对木把技术的考验和测试。不会伐这棵树，就称不上木把，也就不会安心地回到大房子，和大伙一块儿大碗肉、大碗酒地过年。常常有老木把对那些小年轻或不谦虚的人说："你还当木把呢，你一年放不了一棵树！"这一棵树，就是指年三十晚上伐的这棵树。木帮善于把技术和信仰结合在一起来继承和流传。所以，单纯地把某些行为看成是一种宗教信奉习俗是不全面的。

4 伐木帮的歌谣与俗语

伐木帮行是东北早期开发历史中的主要行帮,直接反映他们生活情态的文化并不多,这主要有两方面原因:一是伐木人本身被人们认为是下九流中的下九流,妓女、乞丐都能入行,而木把却不排在行里。生活本身对他们的歧视,使得历来表现统治阶级生活形态的文化不可能对伐木的劳动木帮有所记载和表述。二是作为木把本身往往都是没有文化的穷苦之人,他们自己不可能创造出一种文化来表现自己。再说,他们整天生活在紧张危难的劳作当中,连对自己命运的回味和思考都来不及,就更谈不上用文学来表现自己的生活了。

我们搜集到的关于木把生活的歌谣尽管少得可怜,但其中却无一首不透露出他们心底的呼喊,而且是那么震撼人心。这不单单是歌,而是他们的话语;这不单单是文学,而是一种深深的情感。

伐木帮歌谣

读这些歌谣,我们常常想起马雅可夫斯基的至理名言:"无论是歌,无论是诗,都是炸弹和旗帜,歌手的声音,可以唤起阶级。"许多木把歌谣，往往是一些老木把一生经历的苦叹，有些又是他们对生活痛苦的呻吟，听来是那么苦楚动人。

1992年6月，我们搜集于长白县横山林场的一首《木把这行不是行》说：

世上一行又一行，木把这行不是行。
三教九流有名次，咱七十二行排不上。
少小离家闯关东，长白山里当木帮。
春夏离家赶南海，十冬腊月蹲山上。
北风扫掉脚指头，鼻子冻得像大酱。
叫声爹，叫声娘，回去看你没指望。

木把们大多是山东和关内一带闯关东来东北的，往往是独身一人，在山里累死冻死了，往雪里一埋完事。在鸭绿江和松花江放排古道两旁，一座座荒凉的木把坟，向我们展示着往昔放排的繁荣和木把自身凄凉的下场。

还有许多采伐歌谣。如：

采伐工人歌

上山天不明，下山一天星。
小咬儿咬、草爬子叮，长腿蚊子瞎哼哼。
回头棒子狠，树倒一阵风。
麻溜快，要机灵，光会出力可不行。
汗水都洒尽，兜里还溜溜空。
有心摔耙子没处去，多咱能天明？

（注：歌谣口述者刘齐氏，采录者齐俊祥，1968年4月采录于吉林市红石）

这首歌谣真实地记录了采伐工人的生活。

伐木帮俗语

伐木人关于生产生活的俗语很多，也很精彩。

木把　旧社会人们称从事森林采伐和流送作业的劳动者为木把。

把头　木场头目，包括山把头、家把头两种。山把头是为家把头服务的，掌管伐木运材等山工作业。家把头是一个木场的主事人，主管料栈贷款和组织生产，并承担木场盈亏的责任。

把头　领着干活的人，也叫杠子头。

斧子头　具体伐采的把头。

锯头　具体伐采的把头。

道头　具体领着修道的把头。

爬犁头　赶爬犁运木头的把头。

顶房子把头　在山里木场组织工人进行采伐作业的管事人，类似当今的车间主任。

领人的　类似现在工厂里的班组长，一般是带领七八个人进行修道或是伐木、归楞等活计。

卯子　流送技术工人，包括大卯子、小卯子。大卯子是指通晓水路，经验丰富，能带领其他人员流送的技术熟练工人。小卯子是指熟悉某段水路，能担负流送某一项作业的技术工人。

先生　旧社会木厂子里管理账目的会计。

股子　木把等在木厂里有一定股份。

头锯要放顺山倒

（敦化寒葱顶子林场，2005年1月拍摄）

吃劳金 伐木劳动者或其他劳动者入木场子劳动而接受薪金。

砍锛子的 做本字木排时，专用立锛把原木锛出四个平面的劳动者。

拉锯的 指用锯伐木的劳动者。

挖扛的 牛马爬犁在运输途中，因起步或其他原因需挖动时，跟随爬犁从事这一劳动的工人。

大头掉 伐木人总称。

爬犁东家 爬犁人夫的组织者。

大劳金 承担山场子伐木头、编排、流送期间全部劳动的技术工人。

小劳金　流送期间承担某项劳动的工人。

冬劳金　冬季伐木运材中承担某项劳动的工人。

工夫爬犁　按日支付薪金的爬犁人夫。

包爬犁　整个冬季支付薪金的爬犁人夫。

外柜　替资本主在外面讨要账目、协商经济的人员。

掌柜　替资本主管理、经营事业的人员。

财东　资本主。

料栈　借贷木材资本经营采伐木业的商贾。

开山　这一行进山所举行的祭祀活动。

开山光　找一处红松，选离地高1米处，用刀斧砍一块高20厘米、宽20厘米、高30厘米的树皮，用干草或桦树皮点燃，在砍处用火烧燎一下，称为开山光。

供树神　杀黑猪一头、小鸡一只。酒一碗，馒头、炒菜各一盘。糖饺子摆单数上供。

供五神　在树的根处供一张用烧纸叠的牌位。上写：草神、山神、树神、虎神、老把头之位。然后拿出三张点燃，离开神位念祷："无家的孤魂野鬼，拿去用吧。"之后，其他人依次跪下。把头说一句，大伙跟一句："山神爷，树神，把头爷，我们要开斧开锯了。这一冬，求您保佑，放的都是顺山倒，顺顺当当，平平安安。等歇斧歇锯时，再来供奉您老人家……"行三拜三叩首礼。仪式结束。然后，把头在斧子把上包上红布，对树连砍三下，以示开斧。接着大家吃开斧饭。

压棚　盖地窝棚，也叫压子或地窨子。一般是木把进山前，压棚已结束，进去后就住人了。

上棚　在采伐场地，由木匠来造棚住人。

下棚　在楞场附近，多由集材赶牛马爬犁的人住。

冻子 用锹挖掘土深至1米，长宽根据住人的多少而定。

不冻子 以木为主要支架，围草土防风寒。顶端正中大都留有天窗。里修地龙。木筑墙，里做饭，通气。

地龙 一种连在一起的土锅（炉子），长串的。

通铺 大铺。上面铺大叶樟、小叶樟、鹿皮、狍皮等。

开道 开通与山楞场、河楞场相连的道路。

山楞场 山上的采伐场。

河楞场 水运赶羊的水楞场，利用春水运木。主道2.5米左右宽，岔道2米宽，以能通过牛马爬犁为准。

猫儿道 木帮对运木道的称呼。如遇有跳石塘和草甸子（又称涝洼地）的地方，一般就地取原木或枝丫、草捆儿，待入冬后用雪偎垫在上面，形成冻板道，称为猫儿道。

跳猫儿道 遇有河套的地方，一般用木头搭起简易的桥，上面有硬杂木的小杆子、树枝和沙石。

开山斧 这种斧，必须是水曲柳把或柞木把，好使，结实。

大肚子锯 锯中间宽，两头窄。

弯把子锯 锯直长，又称刀锯。

护屁子 挂在伐木人屁股上的一块皮垫。

喊山 伐倒树后喊三声。

顺山倒 顺着山的走向倒下。

迎山倒 迎着山的走向倒下。

横山倒 横着山的走向倒下。

大抹头 在树根下直平伐下。

元宝楂 伐树有上下层，主要根据山和树的山势来决定用什么伐法（伐木方法）。

搭挂　伐倒的树没倒，挂在了别的树上。

坐殿　树锯透后还没倒。

吊死鬼　倒后的树悬在了另一棵树上。

加楔子　树坐殿后，要向锯口处插木楔子，促使它倒向人们需要的一方。

留山木　对有节子、裂纹、朽木、虫眼、扭转纹、水波纹等一律不运下山的树，称为留山树。

烧炕木　对站木、风倒木、小径木、梢头木、弯曲木，把头一律看不上眼，留着烧炕做饭。

站左打右　树伐倒后要打枝。就是把树上的枝丫打去，以便爬犁拖运。打枝有说道，必须站左打右、站右打左。这是指人的方向感，不能弄错，也是干活的一种规矩，如站一面打一面，把头会赶你下山。其实这是一种科学。人，只有站在一面，才能充分地施展力气，打另面的枝，不听话不行。

带毛　枝没打净，树面不平。指活干得不利索。

陡橛子　指山场上的陡坡地带，干山场子活非常危险。

窝子树　指在小范围内密集生长的树木。

哈塘　沼泽地。

塔头甸子　沼泽地中水草丛生，根系固结一起，形如一个个小塔般的草墩。

岭前　一般指长白山脉由分水岭流向鸭绿江的一侧。

岭后　一般指长白山脉由分水岭流向松花江的一侧，泛指抚松。

木场子　指一个把头经营的伐木点。

爬犁房子　指牛马爬犁运材休息的场所。

排场子　指停排场或编排场。

料子　做好了的方材。

杆子　原木，日语称丸材。

大杆子　一般长 8 米以上，原口直径 0.5 米以上的原木。

大檩　长 5～5.4 米，直径 0.57～0.6 米以上的原木。

大桅　长 43 米，直径 0.57 米以上的原木。

车大轴　长 1.7～1.9 米，直径 0.23～0.27 米的八角形方材。根据材长短粗细又分为车中轴、车小轴。

土料　棺材板。

本字号　料栈采伐的木材。

洋木　采木公司采伐的、不经加工的木材。

漂流木　洪水或其他原因冲散在江岸的木材。

开套　木材陆运开始。

赶河　利用河水流送木材。

吊橛　为拢排在陆地埋设的木柱，供拴排用。

符　木材材积单位，十一连木材为一符。连，木材材积单位。长约 2.7 米之方料为一连，约 5.4 米为二连，8 米为三连，与日本的一间物、二间物同。

料　木材材积单位，长约 2.7 米、断面积约 667 平方厘米之木材为一料。

二 拖木

伐木人伐完了木头，就开始拖木了，就是到冬季大雪落下，套上爬犁，去拖下山。在山林里有一种方言，叫套户，就是指专门使用爬犁和套索把山上伐木人伐倒的木头拖下来的人家，他们的神奇经历至今还不被外人所知。

1　神奇的拖木人：套户

在长白山周边漫漫老林周围，提起套户，大人小孩都知道。甚至有许多屯名至今干脆就叫张套户屯、李套户屯。据此可以断定，有了森林，有了人对森林的开发，套户人家就出现了。他们的住处周围最突出的特征是雪道。

在北方，老乡管这种道叫套子道，是伐倒的大树装在爬犁上然后由牲口拖着压出来的。这种道，从老山里一直通向张广才岭周边的套户屯人家的院落。套户屯人家很有特点，首先是房屋式样。他们的房屋和院墙都是木制，包括烟囱和房瓦。套户一生和木结下缘分。套户人家的院墙都是用一种山木垛起或夹起，显得厚实独特。而更有特点的是房屋本身。这里的房屋一律用树木堆成，俗话叫木刻楞，又叫霸王圈。这是一种独特的木屋，里面烧着火炕，冬暖夏凉。而更加独特的是套户家的木烟囱。这儿的人家都习惯把森林里的空心大树拉回家做自家的烟囱。原先，我曾经和许多人一样认为木怕火，可自从在张广才岭见到套户住处用木烟囱，这种想法一下子消失了。原来，木是可以走火的。那燃烧的烟火可以通过木飘飞出去，这是一种多么奇妙的事情啊。这一带人家的房瓦竟然也都是木制的。做木瓦要用一把老铁刀去劈木。把一段一二尺高的红松圆段劈成平块,就成了木瓦。套户人家和屯落都散发着远古森林的气息,静静地坐落在寒冷的长白山深处。

这些漆黑的木瓦下的木屋里住着套户。每到冬季,当寒冷的冰雪覆盖了长白山,套户们便走出这挂着冰凌的老木屋,他们牵着牛马,牛马再拖着爬犁,走向冰雪覆盖的深山老林,开启了他们神秘的拖木生活……

上山拖套

2　与牛、马为伴

人类历史上，记载动物的文字常可见到，有欢快的，有凄苦的。

暮秋，枯枝上栖息着一只孤鸟，在遥远的山林，鹿踏过秋日斑斓的落叶前行，当我听到它的悲鸣，不由翻涌起思乡之情；一只蚱蜢正在歌唱，独卧于寒霜之夜，我感到无比孤寂。

这是日本文化人类学家牧口常三郎所著《人生地理学》中的一些文字片段。这不禁使我想到，其实动物和我们人类朝夕相处，这样一分析，人类对动物的记载就显得少了，很不够，当然也不全面。而我，自从沿着雪道走进长白山里的套户人家，才深深地感到，不是没有对动物的理解和认识，而是我们人类没有很用心地去挖掘。在我亲历东北民间生活的62年历程之中，我深深地被人和动物的情感所打动，也开始感受到来自于人类自身人格的一种厚重的力量，那完全是来自于和套户们实际接触的一种感受。

在寒冷的长白山里，动物是人类最亲密的伙伴，尤其是套户家的牲口。每一个套户的家里都为牲口们修建了一处上好的牛棚或马圈。

因为生活在这里的人完全要依靠牲口去生存。我曾经看见，诸多人家和他们的牲口形成不可分割的一个整体。

套子马

套户们使用的套子马，全靠选和驯。在北方，每当秋冬，集镇上的马市便开市了。这时套户们往往成帮结队地奔向这儿，并不停地打听是不是套子马。他们往往一打眼就能知道这匹马该不该牵。套户们选马，往往瞅准那些著名的套子马。套子马的特点是体质粗糙结实，皮厚毛粗，鬃毛密而长，特别是头方眼大，颈短多呈水平状。它们身子狭长，前躯发育良好，肩短而立，四肢短而粗，关节明显，蹄壳子很坚硬。这些马都具备非常优秀的品质。它们吃苦耐劳，便于拉套，是套户们的首选。套户选套子马时往往先观察马的站相。站相，就是马站立时的姿态。先看马前额是否宽，眼骨是否突出。大眼壳，眼珠明亮，清楚照人、水灵，眼珠的颜色为橘黄色，上下眼皮儿要薄，便于夜间瞅雪。套户们认为黄眼珠鹰眼是好马，耗子眼珠、灰色眼珠、玉石眼（虹彩缺乏色素，强光下看不清），不是好马。

接下来就要试马的耳朵。套户上山对马的听觉要求极高。套子马都是耳大小适中，竖起倒斜非常灵活。套户们认为高粱茬子耳朵的马听觉发达，而绵羊耳（垂耳）虽不好看，但在漆黑冬夜冰雪的山林中会听吆喝和鞭声。

然后看马的颈（脖）和身腰，这是架套的重要部位。主要看是否是大膀头，饱肩膀，宽裆口，圆屁股。这样粗腿大棒、短蹄衬、蹄脚敦实的套子马，雪岭上迈步才能稳重……

选到家，接下来就是驯。驯马，主要是领马上山，见识一下山上的活计。每当去时,就以好料相待,逐渐地,马儿知道了主人的心思,上山虽然有沉重的活计在等待着它,但是吃得好些。于是,好的牲口懂得盼望这个季节的到来。

在冬季到来头场雪还没落下的长白山老林,套户家就开始驯导让马和牛自己能懂得主人的心思,更重要的是让马知道冬天来了。

在长白山的套户家,马是知道并懂得它这一辈子是干什么的,牲口的聪明简直让人无比震惊。冬天,这儿的雪一落下,人要驯导马踏雪上山。上山,往往是几十里的山路,主人不可能句句喊,要让它熟悉路,自己走。进了林子的伐场,主人要去打枝、截木、抬木什么的,这时要让它知道等。等,就是一动不动地站在树下,别往他处乱走。在林子里,马从来不用绑在树上,要驯导马的自觉,要让它懂得自己乱动有危难……

套子牛

表面上看起来,套户们选择的牛和山里一般的耕牛也没有多大的差别,但是只要你细看就会发现,这些牛都是抬头牛。所谓抬头牛,是指这种牛平时就习惯于昂着头,不属于那种低头拉车的牛。这种牛,多是张广才岭套子牛的后代。拉套子的牛,总是习惯抬头看前,这种习惯又很好地形成了它们后坐的能力。后坐,就是在雪坡上拖木下山坡时有顶住爬犁、使之不滑坡(俗称跑坡)的能力和习惯。山场上爬犁套子的跑坡,时时会造成人死畜亡,这是太可怕的事件。在长白山里,山的坡度走势非常陡峭,有时木材的采伐点就在山顶上,而爬犁道的坡度甚至达到45°,如果不是习惯坐坡的抬头健子牛拖套,跑坡的事情是转眼就可能发生的。

准备上山拖套的抬头牛
（长白山漫江村，1992年冬拍摄）

在中国，牛的品种繁多，但东北长白山和张广才岭延边安图套子牛的品种最为著名。这种牛主要分布在长白山张广才岭及兴安岭东西两麓的呼伦贝尔草甸嫩科尔沁草甸一带。这种牛，头短宽而粗重，额头稍凹陷，角向上前方弯曲，角质细致，颈短而薄，腰背平直，臀部倾斜，四肢粗壮，蹄头质地坚实，给人一种吃载负重的踏实感觉。

在长白山的套户家，喂牛的槽，往往是巨木掏成，山里人叫实槽，就是一根大树，中间掏沟为槽。这样的牛槽会使牛的饲料总是湿乎乎的，便于牛的舔嚼。冬季，牛槽里的料冻成了块状，料里带着水分，牛也喜欢啃。

套户们爱惜自己的牛。在夜里，把牛棚打扫干净，放上干草，让牛在里边躲过暴风雪；在白天，当冬日的太阳升上晴空、原野上一片明亮时，他们又习惯地将牛牵出来，让它们在太阳照耀的雪地上、院子里晒晒太阳。在长白山的套户人家，家家的院子里都有这种可供套子牛晒太阳的木棒夹起来的院套，目的是为牛挡风。对于那些不可怜牛的人，他们深恶痛绝。

给牛、马备料

东北长白山里套户的一生就是照料他们牲口的一生。秋季，北方旱风把一切吹刮成熟了，那是生命成熟的季节。几场秋雨，野草的深绿渐渐地退去，植物叶子便由深黄变成金黄，时刻提醒套户是该为牲口备料的时候了。这时，套户们从家里出发，用10~20天时间去草甸子上打草。一冬天，每头牲口要吃大量草料。在大雪落地之前，各家的院子里必须要备足草料，一个一个的草垛，堆在套户家的院子里……这时，长白山一带的套户人家就开始铡草了。铡草，就是把一捆一捆的草割碎，便于牲口咀嚼，同时也便于贮存。

牲口的细料——苞米

在北方长白山里，人们的主要粮食是苞米，而苞米又是套户们用来喂干重活的牲口的细料。秋天收下来的苞米，晒干后脱粒，然后用石磨碾碎。套户家里这种给牲口加工苞米细料的活计常常由套户人家的女人们来完成。她们不但担起了照顾男人、孩子的重任，还担负起给上山拉套子的牲口加工细料的活儿，这是一项笨重而苦累的活儿。她们宁可自己推碾，也舍不得把牲口套上拉碾，因为她们知道，用不了多久，家里的牲口就要跟随男人走入老林，开始充满危难的拖套岁月。

除了苞米碴子之外,还要给牲口准备一种更好吃的饲料——出过油的豆饼,当地人称豆佰子,这是细粮中的硬伙食。

冬季悄然而来时,长白山里的套户都要缝制大草料袋了。那是一种巨大的布袋子,一个袋里必须装足一匹马冬季到春季四个月的草料。

装完草料的巨型草料袋就像一间一间小屋子,被爬犁运进山里,置放在套户们先期开垦出来的窝棚场子上。大雪飘飘从天上落下,覆盖在那些孤零零的料袋上。

落在草料袋上底层部分的冰底用不了多久就会被另一场或诸多场新雪重新覆盖。这时落下的雪叫粒子雪,粒子雪是一个一个晶莹的小颗粒,硬硬的,亮亮的,被风刮着,密集地从天空上刮下来,覆盖在立冬落下的初雪融化后的洁白冰底上,从此再也不化了。冰壳雪粒厚

山上牲口草料袋
(长白山老岭山场子,1994年冬拍摄)

二 拖木 | 53

厚地覆盖在那一座座巨大的料袋上，仿佛一座座古堡，孤独地坐落在茫茫老林深处……

牛、马进山

一支庞大的队伍开进深山，牲口还要由主人给它们选择安歇之地。这个安歇之地将是牲口一冬天在寒风和冰雪之中安卧的地方，往往是背风、窝风、又能一眼认出和顺眼的地方。顺眼，指一种心理上的观念，就是主人能够在第一时间一眼看到自己牲口所在的地方。其实这种地方，在选草料场时已经考虑好了。

套户进山，每个人都带着一个料桶。深夜，他们把这一个个料桶并排摆放在窝棚里的火炉边上，里面装上豆佰子料水，是为了使牲口的料不凉，不冷牲口的胃。因为夜间，必须要出去喂一次牲口。长白山里的冬夜万分寒冷，夜里出去喂牲口这一项谁也不能改变。他们记住夜喂的钟点。牲口从天黑进到窝棚驻地，卸爬犁后吃的那点草料的营养早已消耗尽，且不一会儿它们又要进山了，因此这时牲口的体内急需进好料、细料，在套户们心中，那就是豆佰子料水。喂的时候，牲口也知道，主人该来了。常常有这样的事情发生，到了夜喂时辰，如果一个套户出去喂自己的牲口，别的牲口见了，就急得用蹄子刨冰雪的土地。这是一种呼唤，仿佛是在喊它的主人："快来吧！我已经饿了。你看，别人的主人都已经来了，你怎么忘了俺呢？"据说，当这个着急的牲口见到自己的主人到来时，它还会"呵呵"地乐呢。但这种乐，其实是叫，不过套户们听起来就像是牲口在"呵呵"地乐。

小知识◎铡草

　　铡草活艰辛又乏味。铡草使用的工具，叫铡刀。铡刀是套户人家的宝贝。铡草有一根长长厚厚的底槽，底槽中间开缝，缝间两侧镶上铁边，留出走刀落刀的铡口。在底槽的一头，有一根铁条穿在上面，一柄几乎同底槽一样长的大刀，宽宽的刃，顶头带钩，正好挂在底槽的铁条上，刀的另一端有一道长长的横把，可供两人横握。铡草这种活计其实在中国北方有久远的历史，这同中国是个农耕大国分不开。农耕要使用牲口，牲口的饲料，主要靠铡刀来切割，所以这种工具是北方农民的主要农具。铡草也是农民们一年四季重要的农活。两个人铡草，一人按柄，一人往刀下絮草；也有两个人压刀，一人入草的。絮草是一项技术性很强的活计。絮草人要将草捆或草把迅速递进刀下，并且送进的尺寸要相当。进多了，草料长了，不利牛马咀嚼；进少了，草料短了，不好保持水分。草料必须是不长不短，这就要求絮草的人一定要是有经验的老者。

　　进草的时间也很讲究。进早了，刀下不来；进晚了，容易切到手。要掌握好火候（时间）。同时，草捆或草把进到刀下，要会送劲。送劲，就是给草把加力，使它紧实。紧实的草捆草把，刀一下来，吃得快，切割得齐。不会递送草捆的人，放在刀刃下的草把，松松垮垮，刀一上去，就歪了或扭了，不但割切不好标准的草料，还容易铡掉絮草人的手指和胳臂。在长白山里，有不少套户是为了给牲口铡草下料而成了残疾的。套户给牲口铡料,絮草者一定是老爷子或有经验的老人。按刀,也是一种卖力气的技术活计。此人要会把刀,使刀架不摇晃。如果切割一麻袋草料,不会把刀的人往往把肩和膀子压得酸疼红肿。

◎豆佰子

豆佰子主要来源于村屯中的油坊。

秋霜一落,油坊开工,开工先炕豆子。炕豆子就在油坊的土炕上。那火炕烧得鸡蛋都能炕熟,有一个人专管翻豆子。由于屋里热,每个油匠都只穿个小裤头,浑身还是湿漉漉的。看炕到差不多了,油匠掌柜的伸手一摸,豆儿发干,又沉甸甸的,就知水分和出油度已足够,于是喊"上碾子"。上碾子,就是压豆彩子,又叫压彩子。压彩子用一种土碾子。这种碾子一人多高,半米宽,是山里人家请专门的石匠缠(刻凿)的,用两匹马拉着走。碾子槽子又深又严,碾子一走隆隆直响,像夏季里沉闷的雷声。压彩子是两个人,前边人撒豆,后边跟着收彩子。彩子就是压扁的豆子。豆子压扁后,又圆又薄,一个一个,一片一片,就像圆圆的云彩,十分漂亮有趣儿,所以

榨油作坊之一
(德惠松花江乡,1984年2月拍摄)

才叫彩子。压完的彩子要上锅来蒸。油作坊里的土灶上挨排安着几口大锅,都是蒸彩子用的。灶里烧着木头,锅上捂着麻袋,还向上喷着滚滚的热气。彩子要烀到一袋烟的工夫才可以装垛。装垛是绝对的手艺活。装垛的往往是油坊的大柜,又称大油匠。他只装垛,别的活不伸手。这时,小打(油坊小工)先把圈(固定形状的铁圈,以便整齐摆垛上榨)摆放在地上,大油匠顺手从蒸彩子的锅上抽下一块蒸得热气腾腾的屉布(也叫麻蓟),放在圈里的油麦草上(一种用来裹彩子的野草),然后往上铺彩子。

装垛的人铺好头一圈儿豆彩子后要狠踩,踩后放第二个圈。第二个圈往上一提,垫在第一个圈底的屉布子跟着一兜,就把两个圈里的豆彩子裹好了。这就是油匠们通常所说的头圈踩、二圈提。踩好一块饼,装垛的小打双手搬起来,"咣当"一声就摆在榨上了。榨是一种压油工具,油作坊里的一半空间放着这种巨大的榨。往往是一块半尺多厚的大木板,上有四个爪,挂在房梁上,俗话叫拍盖;旁边有三个眼,是横眼,便于压油的伙计们插杠子推压。而现在山里人的小油坊已改为铁榨了。当装垛人把圈里的豆饼一块块放在榨下时,上榨的小打就拼命地搬动榨轮,于是那一摞摞饼垛就开始缩小空间,油就从榨的底盘汩汩地淌进底下的槽中。出过油的饼块,叫豆饼,这是一种上好的牲口饲料,也就是套户家牲口的细料——豆佰子。

3 组套

在中国寒冷的长白山里，冬季的头一场雪是套户们组套的信号。冬季的头一场雪一落地，拉套子的牛、马、驴首先不安起来，急躁起来，它们时不时地在圈里用蹄子"吭吭"刨地、踢槽，仿佛在催促主人：都什么时候了，你怎么还没有动静呢？这时套户的女人往往也会说：牲口刨地了，还有什么没有料理好，你赶快拿个主意吧。就在头一场雪飘下的时候，山场子把头也赶到套户屯来啦。山场子把头一进屯就喊："开套啦！开套啦！"

来招募套户拖拉木头有两种方式：一种是由山场子把头来招，就像前面说的那样，他出钱打扮（雇佣）套户上山，讲好每米木材拖下山什么价；另一种是由套户把头自己组帮，和山场子把头讲价，然后开进山里拖木。不管什么方式，套户们组套进山的时候到了。

选套户把头

古话"人无头不走，鸟无头不飞"，是指任何事情都要有人挑头、领头，套户这一行也不例外。长白山里岭黑瞎子沟的套户把头曹立山一家，就是几辈子在山里当套户把头的套户世家。

曹立山的父亲和爷爷从前都是套户把头，到他这一代，也自然而然地当上了长白山里的套户把头。

套户把头曹立山
（1996年冬拍摄）

他的任务一是把大伙组织起来，不让大伙吃亏。这主要表现在当头一场大雪一落地，山场子把头来到屯子里招人揽活时，由他出面和山场把头讲价。他首先提出是一块到山上谈价。山上谈价，是指到实际干活的地点去边看边定。比如看今年山上雪多大，大了，爬犁上山省力，可是下山难控制，得多加几个钱，同时要由山场子把头派人修道，就是往雪道上扬沙土，以便马和爬犁能稳住套，不跑坡。如山上雪小了，道上就露沙土，这叫沙土道。沙土道马牛拖载费力，也要加几个钱。修道的钱由谁出、出多少，要讲妥。

二是谈坡度。坡度就是山的高度。弯多、坡多，都加钱。还有距离。距离指套户们住的地方至山场子的距离。太远时，一天只能拉一趟，不出活，也要加钱。

这些问题全靠套户把头和山场子把头面对面地去谈。但是山场子把头也不傻，他往往压价。你不干，他可以去找别的套户。于是套户把头往往是还得揽住这批活，还不能使他这帮人吃亏。总之，这真是一个高难度的本领。而套户们选把头，也必须选有这个本领的能人。

二 拖木 | 59

选盖地窝棚把头

一旦套户把头和山场子把头谈好,套户把头就要选盖地窝棚把头,由他去盖窝棚。

冬季,长白山里雪大风寒,要尽量选那种四处是山岗、中间有一处洼兜的地点来盖住处。盖地窝棚把头要会看地相,看看这地方顺不顺、邪不邪,而且他还要会盖。这种套户住的窝棚延续了长白山林区千百年来盖房的方式:一是把旧木帮们伐木住的老木刻楞房子修改一下,以便住人;二是就地挖坑二尺,然后靠山垒起来,用木头、冰块、泥土做墙,搭成那种地窖子的土窝棚样式。

木刻楞的结构是用大原木当墙,一根根堆起,四角用扣咬上,外

套户山窝棚
(长白山十八道沟林场子,1998年冬拍摄)

抹泥。木烟囱，大炉子。里边是南北大炕，可住几十或上百人。

地窨子是半卧进地下的样式。这种地窨子顺山坡走向，一头开门。里面对面两铺大炕，地中间搭四台大炉子，每座炉子的窝棚顶开一小天窗，主要是为了通风透气。有的窝棚房顶要留出一条缝透气，也是为了让烟和火往外飞腾。

窝棚里边日夜要烧火，不透气简直活不了。这种窝棚，已经和山体深深组合在一起。如果大雪一落，从远处一看，根本看不到什么地方有人。从外表上看，仿佛很小，可一旦走进去，才发现里边惊人的宽敞。因为这里要供几十人、上百人一冬天吃住，不宽绰是决然不行的。

选窝棚的重要一点，就是看水源。水源，是指能够挖井的山洼处。或者，有山水流过，形成一处自然的水流。如果正好有一条小河或山泉在这儿流过是最理想的。不然，就得自己建井。在长白山黑瞎子沟以东红旗套户窝棚地，有一口古老的井，据说这是在乾隆年间套户们进山打的。可是林子越采越深，人们也离这口井越来越远……不过，看到这口老井后，人们也就知道了从前套户进山首先要选择有水之地的必要性和重要性。

选择窝棚地的另一重要之处是周边要宽阔，以便贮放牛或马的草料袋。这些都要由盖地窝棚把头去完成。

选看守窝棚把头

当盖地窝棚把头领人将地窝棚盖好，就要选看守窝棚把头了。让我们想一想，一个个套户要起大早出窝棚上山，晚上天黑才回来，窝棚是他们休息和存放东西的唯一场所，看守窝棚把头的本领和人品是非常重要的。首先，看守窝棚把头要保证屋子里暖和才行。要暖和，

山场子窝棚烤棉鞋、晾马鞍子
（敦化老岭林场，2005年1月拍摄）

就得烧炉子。看守窝棚的人，每天不停地锯木，以便烧炉子。还有一件顶顶重要的事情，就是看守窝棚把头要负责给套户烤马鞍子和棉鞋。

白日，牛马们死命奔在山上和雪地里，牲口身上的汗，就没干过。一天下来，那牲口身上的鞍子就像在水里泡过一样，往下一摘，湿涝涝、沉甸甸地往下淌水。但是，这种鞍子必须在次日上山前烘烤干。这就完全要由看守窝棚把头用温度来解决。夜晚，那一副副浸透着牲口汗水的鞍子，悬挂在窝棚里的房梁上，下面是呼呼燃烧的火炉。马鞍上不停地滴着"水"，那是马、牛、驴的汗，已渗进马鞍粗糙的皮革套里。火一烧烤，一股牲畜的汗味儿浓浓地散发出来，在窝棚里弥漫着。这种味儿，呛得人上不来气。可是，任何一个人，当看见马鞍滴下的马或牛浑浊的汗水时，往往又都会感动。牲口本不是人，可它们让人心疼啊！那湿透的马鞍，使人一下子对牲口——这种不会说话的生命——产生出一种极大的同情和怜悯。它们如果会说话，将要说什么呢？山中套户窝棚里，牲口的汗气味儿像一层神秘的乌云在黑夜里飘荡着、升腾着……

看守窝棚的把头还负责给套户们烤鞋。鞋，就是上山的套户们的棉靰鞡。这种鞋，如今是胶皮、黑面的棉鞋，可从前却不是，从前是一种古老的乌拉，里边还要垫上乌拉草。晚上，套户窝棚看守者还要负责给套户们抖拉鞋草。总之，要在天亮之前烤干鞍子、鞋、牲口套包，还有套户湿透的棉衣等，就得拼命烧炕、烧炉子。

窝棚里的温度热得惊人，热得人一个个蹬开被、光着身子还大汗淋漓。炉火呼呼发响，烟囱已通红。劳累了一天的套户，一个个睡下了……他们自由地伸展四肢，"咣咣"地放着响屁……人，像一片肉体波浪，在漆黑的岁月中翻滚……有时半夜，他们会突然坐起来，大声对着看窝棚的老把头喊："热死了！快！搓一锹雪，压压火……"于是，老把头就会顺从地跑到户外，在窝棚边的山下铲回一锹雪，一下子压在燃烧的炉火中。"吱啦"一声，欢跳通红的炉火，顿时熄灭下去了。这时，窝棚里升起一股浓浓的白雾气。可转眼间，雾气飘散而去，寒冷顿时又袭来。于是套户又坐起，大喊："老把头，快！加火……"老把头二话不说，又赶快跑到外头取来白天早已锯好的木头，整件塞进炉膛。一会儿，炉火升腾起来，热气迅速散开，套户们一个一个在火热中继续煎熬。

选套子头

看守窝棚把头选好，就应该选套子头了。套子头，是管理绳套

检查爬犁

（黑瞎子沟，2005年冬拍摄）

和牲口的把头。本来，每个套户是自己牲口的主人，他们自己的套、自己的牲口，应该完全由他们自己去操心、去管理。可是，山场上的套户帮专设一名套子头是为了时时提醒众套户对自己的牲口和套子注意，帮助管理大家的套和套具。

套子头有两项主要任务。一是夜里，当劳累一天的套户们都睡下后，他要及时清点物品和查套。另一任务是沿爬犁道查套。查道，就是在途中观看。特别是在那些山体陡的地段，套子头要及时让套户爬犁停下，检查他们的套索，看看是否松动，或过紧或磨损得已不行的，都得立刻换索，马虎大意不行。这种检查，十分关键和及时，往往能避免重大事故的发生。

选爬犁头

有了套子头,还要选爬犁头。爬犁头,是管理套户爬犁的把头。爬犁是将大木从山上拖下的重要工具,如它载重不了,半路上就要出事。这个人的主要任务是注意保养各副爬犁。如爬犁冻没冻裂,开没开卯,变没变形等。每当套户装木绑爬犁时,爬犁头往往会亲自走过去触摸一下,拽一拽,试一下,看稳不稳。

爬犁头往往是屯子里出名的木匠。他对木、对树的性能了如指掌。他的心思就用在爬犁上。他时时地提醒套户们:"别光睡,起来看看气候!""给爬犁压压杆子。你的爬犁杆子歪了。""小心,左爬犁杆子走形了。装木时后边压着点。"

这所有的提醒,都是爬犁头的事。这都是非常重要的提醒。套户对爬犁头的质问、责骂,一般不生气,因为知道这都是为了他们好。

找小股子

找小股子,就是找干活的人手。

所谓的小股,就指一人、一牲、一爬,这是一个作业单位。一队套户往往由二三十个小股子组成,这主要由活计的多少、活计量的大小而定。在一般情况下,小股子的牲畜是自己的,由他本人和牲口构成一个股。一个股就是一份子的意思。但也有出人不出牲口的,牲口由别人出,人挣一半股,牲口挣一半股,再看爬犁是谁的,相应分股份。可是在进山运木时,由于牲口很重要,所以套户还是喜欢用自己的牲口。他们更了解牲口的脾气,用起来顺手,心里也就有底。

小股子有时也由两人一马或两人一牛组成。这类小股子往往是由父子、哥弟、舅甥等一家人或亲戚组成，有一种互相照顾的意味，也是为了让套户这种本领能一代代延续下去。在山上，我见到许多对这样的套户，他们吃在一起、睡在一起。这是血缘关系决定了小股子的组合。

集套

当一切都筹备完毕，就开始集套了。集套，就是套户集合。

如果是都属于一个套户屯，那好办，只要定下一个日子、定下一个时间，大伙一齐出发就行。问题在于，有许多散居的套户要一齐集中、奔往山林，这就要提前选日子、定时间。

套户入山，讲究"进山三六九，下山二五八"。把头定下套户入

已组套的木帮
（永吉林场，2008年冬拍摄）

山的日子后,各大小山间雪道上,一伙伙、一队队、一架架的爬犁就先后出现了,各个把头领着自己的套户们走。由于大量的物资都已先期运进山场,所以此时他们就是牵着牛或马,拖着爬犁,往一个方向集合,然后奔往山场子。

这样的日子,东北长白山的雪道上是欢腾的,那一伙伙、一队队一架架的爬犁,日夜向一个方向进发,进发。他们手拉着自己的牲口,心中想着这一季的活计;他们计划着美好的前程;他们梦想着这一季下来,能挣多少钱,之后,这钱一分一文,怎么用、怎么花。有时,套户离家时就下了狠心,夸下了海口:等这一季下来,给爹娘各做一条新棉裤,给老婆买一瓶桂花油,给女儿买一条花手巾……那时,离家的男人们愿望太多。那是一种希望。

小知识◎探道

山上谈价又叫探道。一边走,套户把头往往会不断地指指点点,安排一路上在哪儿扔沙、哪儿扔雪。再往上走,路没了,荒林雪原出现在眼前。那雪,都是没膝没腰深。有时一不留神,人没影了。到哪去了?原来是掉进深深的雪壳子里去了。雪壳子,往往是大倒树的树空处,或者是山石的缝隙间。每年冬季,当厚厚的大雪一铺盖,老林里一片厚雪,什么也看不着,可是人一踩上去,就会不由自主地沉下去,不见了踪影。别说是人,就是马,有时眼瞅着它拉着爬犁在林子里走着,可是再一抬头,马没了,不一会儿,马又从雪底下抬起头来,不停地晃动脑袋,甩掉头上、眼毛上的雪,这叫马扎猛子。多么风趣的一种说法！扎猛子，是人往水中扎，而在寒冷的长白山这一带，马会往大雪壳子里扎猛子！探路是为了延伸木材采伐场，这个苦首先是套户把头吃。套户的大把头比较熟悉老林子，了解雪、冰、风和这一带的地形地貌。他探不好路，接下来的拖木拉套就相当危险。

4 祭山

当一伙伙散居的套户都集齐了,大家来到了山场子窝棚居地,第二天就要拉牲口上山了,这一天就要祭山。

祭山,先杀开山猪。买来香烛纸码,在一处把头庙或大家认为山

杀开山猪

(敦化寒葱岭,2000 年拍摄)

神爷显灵之处，摆上猪头，然后把头领着众套户齐刷刷跪下。把头开始念祭词。把头说一句，大伙跟着说一句。祭词内容大致是这样的：

  山是万宝山，川是米粮川；
  马踏林海，众生前来；
  不求得金山，不求得银山，只求人马保平安；
  等平平安安干下这一季，再来祭祀你山神爷、老把头……

众人跟着说一遍，然后烧香焚纸码，就算祭祀完毕。

窝棚里，看窝棚的把头早把猪肉炖上了，放上粉条、蘑菇。大碗酒，大碗肉，大家大吃一顿，算是开套。

三 放排

上山伐木是山场子活，江河流送是水场水子活，又称放排。在古老的长白山里，当伐木人把大树伐下、拖木人将大木拖下山、抬木人将大木归到江边时，一个放排人神奇而漫长的生涯便开始了。这时候，编木排前，先要选木。选木，主要是选那些个够尺码（尺寸）的大件子，一经流放起来挣米数、出货、值钱……从前，所走水流的料子都似大柜一般粗，又高又大。

在未推行日式放排法之前（1913年前），因受编排方法的限制，采伐的木材全部制成料子。1914年以后，陆续推行日式编排法，逐步生产原木，所以在日伪时期造材标准比较混乱。

料材标准：断面直径 1.2～1.8 尺；材长 8 尺为一连，12 尺为一连半，16 尺为二连。

原木标准：小头直径 6 寸～1.5 尺，

材长8尺为一连,16尺为二连。

大径原木:小头直径7寸~1.3尺,材长38尺、40尺、42尺三种。

小径原木:小头直径5寸~8寸,材长20尺、23尺、26尺、30尺四种。

电柱材:小头直径4寸~7.5寸,材长22尺、24尺、26尺、28尺、30尺、32尺、34尺八种。

檩材:小头直径1尺以上,材长15尺。

桅杆:小头直径1.2尺以上,材长100尺。

木材质量标准:原木以无节,通直无枯损、腐朽为限;料材要求四面锛平、取直,两端边长相等,无腐朽。关于材积计算方法,日伪时期的计算方法很复杂,各地不统一。

鸭绿江流域一般以料、连、符等为计算单位。料:断面积60平方寸,材长8尺为一料;连:料材长8尺为一连,12尺为一连半;符:十一连为一符。积尺:1尺×1尺×12尺为一积尺(0.3338立方米)。

大山木垛
(二道白河林场,1998年冬天拍摄)

1 穿排

水场子活,首先是穿排。穿排属于水场子活类别的主要手艺,往往是在江里或老排窝子进行。穿排又有硬吊子、软吊子和绕圈编放排法三种穿法。

硬吊子

所谓硬吊子,从前民间称本字排(也有叫本自或本治的),这是编排法中最古老的方法,排制复杂。木材需要锛成四个平面的方材,费用较大,运行缓慢,特别是受江水限制,一旦天旱水少,就须拢排等待,而水大又有冲毁之险,因此从1914年以后被逐渐淘汰了。

编排的工具有掏眼斧子(长30厘米,宽4厘米,重2.5千克)、穿连杆子(长7米,直径9～12厘米)、绕子(日本称捻木,长2～3米,根径2～3厘米,用柞、桦等幼条趁鲜时控制,用时可圈绕不拆)。

编排方法是在木材两端锯成凸凹形,用掏眼斧在凸凹处掏凿成9～12厘米的方孔,在水中用穿连杆子将木材穿连起来,每节16～20件,5～6节为一张排,总长24～30米,每排100～150

立方米。木排中央搭一木板小屋称花棚子,供放排人员食宿及储存食物。

放排时,每排必备大头绳1根长40米,二头绳1根长40米,吊绳4根,挖杠10根,木槌4把,大棹16把,穿连杆子30根。另据排工人数带足两个月左右的食物。放排时每排由6~8人操纵,其中一人是大卯子(放排技术员),熟悉江道情形,站立排首指挥,其他人众持刨钩(鸢口)、挖杠或木棹,按大卯子指挥各司其职。木排行驶中,排前树一旗帜,书明公司、料栈名称,且携带排票、执照等一切证明手续。木排白天行走,夜晚择地停靠。从长白至安东约需两个多月至90天。木排进入安东停靠,绵延数里,等待外卖。此时大江之上木排云集、旗帜招展、炊烟缭绕,岸上摊床林立,终日唱叫不绝,热闹非凡。

硬吊子排
(长白横山林场,1992年早春拍摄)

软吊子

软吊子排，俗称洋木排。一些采木公司为减少放排费用，于1913年提出使用日本式编排法，即软吊子排。

软吊子排编排，先要在木材两端15厘米处用掏眼斧凿出一个10厘米的方孔（脚手杆等小径木则用木钻钻出圆孔代替掏眼），在水中用绕子先按节穿到一起，再用绕子将各节木材连接在一起，每张排由9～11节组成，排头由5～7件组成，排上固定一根舵棒以供操纵，从排头往后逐节加宽，最宽处约8米，全长65米左右；按鸭绿江不同水位、不同季节，木排组成数各异。长白——冷沟子每排40立方米左右；冷沟子——临江60～120立方米左右，最大可达180立方米。

放排时，每张排由两人操纵（技术高超者一人也可），其中一人是技术员，开排时在排前手持舵棒，掌握航向；另一人按技术员指导用撑杆子（长4米左右、直径5厘米）或木棹驱动木排正常航行，昼行夜宿，按段流送。

软吊子排比硬吊子排在编放上具有很多优点和长处。在放排时间上，由长白至安东可减少三分之二以上的时间（软吊子少则17日，硬吊子50日）。软吊子每排约60立方米，只需1～2人操纵；硬吊子每排100～150立方米，需5～6人操纵。软吊子排水量小也可流送，用捻木连接，排身弯曲自如，易于操纵；硬吊子排幅宽，木材积载两层，木杆穿连，不易变形，运行中受制甚多。软吊子当年可达安东；硬吊子如无大水，常停滞途中待翌年运行。软吊子编排简单，工序少；硬吊子工序多，费用大。软吊子资金周转快，当年收回；硬吊子遇小水年则需两年收回，而木料越年后变成旧料售出，降低了价值。软吊子木材比硬吊子利用率高，等等。软吊子排不足之处是，只用绕子穿连，不坚固，遇有洪水、礁石易于冲毁等。

为达到推行日式编排法之目的，采木公司与县知事几次交涉，县知事陶立鸿认为，推行日式放排法将使木把大量失业，报请奉天东路观察使不予同意，其后采木公司又多次与奉天省公署交涉，最后于1914年才正式推行。

拧绕子
（长白横山林场，1992年早春拍摄）

软吊子穿排首先要去江边割绕子。绕子是山里一种小树的枝条，又叫苔条。枝条特别柔软而又有韧性，可用来编各种筐和篓子。采回来后，要在水里泡，以便软乎、好使，穿排时顺手。木帮们喜欢砍这种苔条来穿排。每个木场子穿排的卧子都垛着山一样高的苔条，是专门用来浸泡编绕子的。

一捆苔条，一般要浸泡半天左右。泡好之后，便开始编绕子了。每一个木把都会熟练地从事这项活动。用两根或三根苔条，拧在一起，打成一个直径0.5米的圆圈，结头用苔条压好，这就是绕子。编好的绕子，一堆堆地贮存在一处，单等着连接排的接头处。这种绕子怕干不怕水。风一吹，干燥了，易断。可是一经水，苔条绕子更皮实，有韧性和拉力，最适合在船上、排上和有江水的地方来使用。编好后，用工具将绕子送到穿排场上。等到排木放在水中时,就用绕子来固定连接每根原木的接头处。这样的连接法使木排在江水中运行时,转头和掉头十分便利灵动,很受东北木帮们的喜爱。每个绕子和木头的连接处要用排钩钉上,使其牢固。

接下来,就是对木排进行穿制。这是一道复杂的工序。首先,穿排的木把要会走木,就是在漂在水上的木头上走来走去。经水的木头滑,还滚动,如果不会使走劲,往往站都站不稳,还穿什么排呢!

绕圈

还有一种穿排法叫绕圈编放排法。以前的日式编排法,需在木材两端掏眼,使10%的木材失去利用价值变成薪柴(每件木材两端需各截去30厘米)。为提高木材利用率,横山、冷沟子两个林场于1960年试用铁扒锔子固定绕圈编排法,木材不再掏眼。由于钢材供不应求,于1962年恢复软吊子编排法。

穿排的季节俗称做江边活,这时木场子掌柜派打扮人的(专门负责组织干活的把头)带上大洋,到村里去,请木匠。有许多土木匠早已自告奋勇,请打扮人的喝酒,或三五组成一个伙子,和打扮人的讲价。

穿一张排,民国时工钱是一元钱。那时,木头像炕琴(木柜)那么粗,人站在前头用锛子锛眼。那不会使锛子的人,稍一偏手,小腿刷一声就被砍断。有一个叫王捻的山东木把,闯关东来到东北,刚一落脚就和人上江边穿排。在冷沟子排窝子他干上了水场子穿排活。上活三天,一锛子飞了,小腿白茬茬的骨头立时被砍断了。他一看,傻眼了,连连说:"俺家里就一个老娘,别告诉俺娘!别告诉俺娘!她受不了!"

穿排
（长白横山林场，1992年早春拍摄）

说完，疼得死去活来。大伙赶快用榆树皮给他缠上，又给他吃上大烟止痛。可是之后不几天，骨头发黑，伤口烂了，人活活受死了。像这样的事不计其数。

穿排的季节虽然已开江，但北方的天气十分寒冷，一早一晚，江边水还要结上冰。人在水里干活，天寒地冻，一下去棉裤"哗啦哗啦"响，都挂了冰甲了。回到家，一拧，冰水都够洗脸了。

2　放排前的祭祀活动

木排穿完，放排的岁月就开始了，俗称流放。千百年来，人们不熟悉放排生涯，只能从一些零零碎碎的文字记载中或一两张图画上去了解这一行当。有谁知道，这是一项十分危险又神秘的事业，充满传奇般的色彩。长白山开发最繁华热烈的时期，我们仅从木帮们在江上放木排就能看出来。

祭排

放排前有祭祀活动，称为祭排，主要是木帮们祭祀一切和水及水中精灵有关的动物、植物，如龙、鱼、龟都在祭祀之列。放排和行船一样，木帮们崇拜龟神。龟是东北江河中常见的一种水中动物，但由于它常常活动在江边的泥江和沿岸的土层之中，所以江水的起落、涨降都可以通过它反映出来。龟一漂上来，人称河神爷修府，指龟要修窝，它一修窝，往往晃着身子打卧，使江水上涨，行船放排的人很害怕，于是就得在放排之前祭龟神。

龟神的另一别名，又叫江神，这反映出人们对它的崇敬，反映了木帮和自然的一种依赖关系。在江中行船走排,人们怕大鱼来作怪,于是在走排之前,还要祭祀鱼神。松花江一带排工们供奉的一个鱼神叫鲤鱼拐子神,据关云德剪纸提供的神名叫突忽烈玛发,在开排前,是必须要去祭祀他的。

在松花江的北流水,木帮们还专门要祭祀一个叫谢鸿德的人,据说他是这条放排水道的河神江灵,小名叫小山子。

整体祭祀活动

放排开排前,要有整体的祭祀。所有的祭祀活动,都要先从叠纸码子开始,这是一种非常虔诚的活动。纸码,就是神灵的名单,以专人用黄核纸来叠。此人要有威信,心要诚。然后还要杀猪,带上猪头、鱼和供品,上山祭把头山神庙。山神庙往坐落在靠江一带的山坡上,木帮们虔诚地奔上去,然后开始祭拜。

祭祀完了回到家中,要把猪头炖上,所有的放排木把们吃喝一顿,然后燃放起排鞭,就是拿着鞭炮到江边的山上去放,庆贺老排下水、出发。燃放完鞭炮,重新回家取来工具,直接奔往江边,这才开始漫长的放排岁月。放排是木把与亲人的生离死别,谁也不知道这一去是否能平安回来。因此,每当冬末,当山里的冰雪在一点点地消融时,木把的家庭就有了一种明显的分别意味,木把的妻子害怕这一刻的到来,这种情绪随着季节而加重……

3 南北水道

南流水

东北有一个别名，叫作被江河雕刻的土地，是指这儿江河众多，而最出名的就是发源于长白山天池火山口的松花江和鸭绿江，它们是著名的放排古道。

鸭绿江，民间称为南流水，是指此江从长白山发源，然后掉头向西南流去，最后注入渤黄海。鸭绿江的名称始于唐代《新唐书·江志·地理》："南至鸭绿江北泊城七百里，故安平县也。"可见，鸭绿江是因其水的颜色绿如鸭头色而言。鸭绿江自古就是漂流木材的重要水道。

据《奉天通志》载："辽阳省采木长白山，时皇后欲营佛寺，洪福源之孙重喜、重庆等奏长白山多美材，着发沈阳军二千伐之，流下鸭绿江使高丽舟载以输出。"日俄战争时期，日军大量的用木均取于长白山。他们在老林里修筑铁路百余公里，如今没有修成而荒芜了的路基处处皆是，记载了从前世人对这儿的关注。

鸭绿江放排，从起点长白的寡妇山到安东（现丹东）的入海口，从前硬吊子排得走两个多月甚至三个月才能到达，流放时间之长是世

丹东的江边渡口（1992年夏拍摄）

界之最。从前由于时间长、故障多，只能随波逐流。有时人上排时好好的，可是再也回不来了，所以排夫一上排就要作好生离死别的准备。

人们渐渐把这漫长的距离分割成四段来运行：第一段，从寡妇山上游（从前叫卡拉密，现朝鲜境内）至长白县，全长90千米；第二段，从长白至临江（望江楼），全长270千米；第三段，从临江至关门砬子，全长180千米；第四段，从关门砬子至安东，全长250千米。据史籍记载，从长白十九道沟到安东总共有163个危险哨口（恶河）。

另据《长白林业志》载，"光绪三十四年八月，设治总办张凤台赴省领款，乘排去临"，结果张大人乘坐的木排在江中被撞翻，张大人险些遇难。光绪三年（1877），清政府在鸭绿江口、大东沟口设立木税局，征收木排捐。木排在开排前，必须领取排票（也就是今天的营业执照），而且排前要树立一面旗帜，书明此排是属于某某大柜或公司、料栈。

排旗花花绿绿，各色各样，老排白天行走，夜晚择地停靠。从长白县至安东（今丹东），从前要走两个月到三个月，有时水少要隔年返回。木排在江上和丹东入海口行走或停靠，等待外卖，让木商们来挑选。此时，大江之上，旗帜招展，炊烟缭绕（木把们都在排上生火做饭）；而岸上，摊床林立，妓女游荡，小贩叫卖声不绝于耳，民间小戏和艺人演出红火，真是热闹非凡。

木排因在江中行走，时间长，人要在上面生活，所以排上要搭花棚，以供放排人食宿和储存食物。花棚，是把木杆的一头削得尖平，插入木排木头中间，架起架子，上面搭上树皮。有的苫上苇草或雨布，里面铺上松毛子，放上桌子，摆上木刻的水神爷（往往是一小木人）或是神码（就是老排夫们供的老把头的牌位，木板写上字就可以了），终日插着香。

每年一到木排下来的季节，丹东的大街小巷到处都是木把，除了各种客栈、店铺接待木把外，家家都接待木把。这个季节是属于木把的，这个地方是属于木把的。当年在大街上，只要提到你是木把，立刻就会有人和你唠嗑。由于兜里有了钱，木把也觉得自己是在人生最辉煌的时期，除了吃喝嫖赌之外，还干出许多有趣之事。有的木把觉得世间一切幸福都尝过了，活得也差不多了，干点什么事呢？于是，他们买来西服，打上领带，戴上墨镜，走上大街闲逛。走着走着，看见警察站在十字街口，于是走上去"啪啪"给警察俩嘴巴。

在丹东，有一个专门管理木把的组织机构叫槽子会。槽子本来是木帮们返回山里时拖拉的一种船，上面装着工具，人像纤夫一样沿江而上，俗话叫起早。槽子会又叫船艜会，是让一些木把、放船打鱼的，即各种在水中作业的行帮之人在一起活动的一个组织。只要你是吃水上饭的（指木把和走船人），这儿都是家，人人都可结拜成兄弟，互相帮助，渡过难关，有一种江湖的味道。可是，既然有木把来，社会上各种人也会通过槽子会来利用木把，对他们下手。前期的槽子会还帮木把们做些事情，后来由于木排的大量到达，财源茂盛起来，槽子会的一些人逐渐被社会上各种复杂势力利用和收买，有些人也干起了坑害木把的勾当。所以放排的木帮们常说：

木把放排到丹东，上岸个个都发蓍；
吃喝嫖赌你不干，槽子会也要把你坑。

北流水

东北流放木材的另一条黄金水道就是松花江，民间称为北流水。因为松花江从长白山天池发源，又浩浩荡荡地奔北而去，人们依据它的流向而起名。古老的松花江经由松嫩平原和东北平原，最后注入鄂霍克次海。南源到船厂（今吉林市）350多千米，是从前著名的漂送木材的北流水。远古时期，江两岸就生存着诸多古民族，据考古挖掘发现，早在两万多年前的旧石器时代，这儿就生存着氏族社会的晚期智人，被称为西团山人化。这些古人类在松花江沿岸从事采集、狩猎活动，在大自然冷酷的环境中，与死亡搏斗，一辈辈地生存下来，其中便包括原始人对森林的采伐，对木材的加工、制作。但考古中出土的木制品较少，留下的物品不多。不过仅从安图宝马山一带出土的早期松花江一带土著人使用过的石斧来看，早期的松花江人已用它对树木进行加工，制造出简单的木器来使用了。可见，那时已有了木帮。

木帮是一个整体概念，是指依靠森林而生存的集团和氏族。而真正形成木帮文化则是后来松花江木业和造船业发展的结果。当我们再

记载吉林为船厂的阿什哈达摩崖碑
（1992年夏拍摄）

看吉林省名时，人们才了解到，吉林来自于吉林乌拉。吉林乌拉，满语，是沿江靠川之谓。沿江，就是指松花江，是指靠着松花江边的一个地方，即吉林。而吉林，从前叫船厂，是指在这儿放木造船。吉林市那巨大的市雕就是一个木把在摇棹放排，这把木帮文化生动地记载了下来。北流水的历史，就是木帮将长白山里的木材通过松花江源源不断地漂流下来并送到吉林市造船的历史，这才有了"船厂"这个奇特的地名。

明永乐十八年（1420），朝廷为加强对北方诸多民族的管理与联系，派遣骠骑将军辽东都司指挥使刘清率军到今松花江畔的阿什哈达一带（今吉林市小丰满）造船。此后，在仁宗洪熙元年（1425）、宣宗宣德七年（1432），刘清又先后多次奉命来此造船。对于当时居住在这里的女真人，明朝廷一方面设置机构进行管理，一方面不断地对他们的首领进行赏赐，于是这儿的大船不断地驶向北方的奴儿干都司，送衣送粮。这不但使松花江成了重要的交通水道,也使吉林市成为明朝时东北重要的造船基地。此后的整个清政府统治时期,吉林市始终是古老而重要的船厂。康熙和乾隆多次东巡,在吉林市松花江边感慨万千。从前造船,主要是用木材,那些从长白山上伐下来的木材,通过北流水源源不断地漂流至此,然后造船。

古时的吉林市,称为江城。百里的江面上,一艘艘木制大船排列在江水中,十分壮观。一有战事或举动,百万艘大船列队北上,进入松花江,奔向黑龙江,直达奴儿干都司治所,进行巡视和运送物资。那浩瀚的江水,载浮着浩浩荡荡的船队,一路招摇,人声喧腾,鼓乐悠扬,旌旗漫卷……

康熙三十一年(1692),康熙东巡来到吉林市,他站在松花江边,作了一首《松花江放船歌》。诗中说:

松花江,江水清,夜来雨过春涛生,浪水叠锦绣縠明。
彩帆画鹢随风轻,箫韶小奏中流鸣,苍岩翠壁两岸横。
浮云耀日何晶晶,乘流直下蛟龙惊,连樯接舰屯江城。
貔貅健甲皆锐精,旌旄映水翻朱缨,我来问俗非观兵。
松花江,江水情,浩浩瀚瀚冲波行,云霞万里开澄泓。

由于有了这样重要的历史,木材的漂流业十分发达,木把们也把船厂当成自己的家了。每当从北流水放排至此,都在船厂花天酒地,于是就产生了许许多多关于木把的故事。

在吉林松花江上,由于造船和放排每年都淹死不少的木把,因此北流水松花江有放河灯的习俗。放河灯主要是在每年七月十五日,俗称鬼节,有后人的木把要给故去的先人送河灯,以示纪念,并说是怕木把的鬼魂上岸。这是一种矛盾,又纪念、又害怕他们。从前的河灯是用糠皮子做的,也有的使用各种木板或硬彩花纸做成。这儿的许多百姓和家里的老人都会扎河灯,还有一条胡同叫谭家胡同,专门是做河灯的艺人街,许多人家买来,然后亲自送往江边沿岸,点燃后放在江水里。随着江水流动,河灯一亮一亮地漂向远方。据说这是在提示死去的木把鬼魂,每人选择一盏灯,提着走上阳间来托生,因为东北的民间说淹死的人如果没有替身,便永世不能托生。

如今,松花江河灯已成为传统的节日项目了,但它的起因都是来自于生活在这里的人们对故去木把的祭祀和怀念。

小知识◎鸭绿江主要哨口

清张凤台在《长白汇征录》中记下了鸭绿江各哨口的名称并画了图,《临江县志》《临江乡土志》也列出以下危险哨口:十九道沟、大马鹿沟、门槛哨、小马鹿沟、梨树沟、惠山镇、万宝冈、两江口、十八道沟、小老虎哨、翠圈砬子哨、石龙哨、石墙子哨、十七道沟、转白湖、半截沟、三个腥哨、十六道沟、谷草垛、东乾沟、西乾沟、大门坎子哨、十五道沟、二门坎子哨、分江石、十四道沟、满天星、黑驴子哨、烟袋锅、跑子石、对子石、十三道沟、小冷沟、马当子、十三道湾、三个腔、大驴圈、十二道湾、船坞子、十二道沟、小孤山、老母猪圈、老虎圈沟、金厂、小南川、十一道沟、十道沟、谷草垛、蛤蟆川(上)、蛤蟆川(下)、九道沟、三个腔、峡心子哨、八道沟、七道沟、东马鹿沟、黄石哨、大龟哨、三龙门、西马鹿沟、大龟哨、二龟哨、夹皮沟、云道沟、小门坎子哨、五道沟、桦皮甸、马鹿沟、满天星哨、老母猪哨、黑驴子哨、跑马子哨、谷草垛哨、望江楼、梨树沟、黑瞎子哨、马面石、五道沟、四道沟、小羊鱼头哨、长川、烟囱沟、下套、黑松沟、二道沟、临江县、头道沟、平沟子、梨树沟、当户哨、望江楼、大栗子沟、大白哨、四人把哨、小葫芦套、苇沙河、满天星哨、石灰沟、错草沟、大葫芦哨、鸡心沟、白马浪、二马驹哨、大长川、天桥沟、仙人沟、三道沟、二道沟头、头道沟、大水堤台、将军石、桦皮甸子、王八脖子哨、石湖沟、石板铺、满天星哨、楸皮沟、良民甸子、三回腔、猪油瓶哨、葫芦花上套、葫芦花下套、望江楼、壁新子哨、黄檗甸子、长川、会凳子哨、矿洞、羊鱼头、东明王墓、三个腔、辑安口、大通沟、锅坑哨、鞍子哨、马头沟、上火龙盖、高条哨、下火龙盖、南头哨、喉咙子哨、右平沟、五股流哨、耍孩子哨、金沟、妈妈哨、黑沟、纺车子哨、纺车哨、五祥关、谷草垛、阎王殿、榆树林子、凉水泉子、往上走、马面石、太平湾、沙河子、大东沟、安东。

石橛哨口

◎松花江主要恶河

北流水更是一条重要的放排古线,起始点应为松花江的南源,即漫江和松江河(松花江的主要支流)的汇合之处两江口,从这里直达船厂。

这儿的木材,主要用于造船,因而船厂又有木城之说。把一根根大木运到这儿,历史上就是通过北流水这条放排水道来实现的。从北流水的起点两江口,到老恶河(现白山电站上游),总共有47道恶险哨口,民间也称为恶河。恶河和哨口有同样的概念和意义。北流水称哨口为恶河。有人说,恶河和哨口都是满语,意为险恶的水流。

4　放排人及其生活

千百年来,无数长白山的优质木材,就是通过这儿的南北水道,运出大山,走向外界的。

放排的组织结构

头棹

木排上说了算的人就叫头棹,又叫老卯子或大把。此人对山里的种种规矩习俗要了如指掌,特别是水势、江风、天气、野兽、水鸟,等等,一切都要有所了解。俗话说:"头棹忙,二棹急,帮棹尾棹要拿稳。"大棹把要有看水的本领。走水放排眼睛要抓住水线,不然就不行,民间说的"排不抓水线,一流就完蛋",就是指这个本事。

从前,排上的头棹端个大烟袋,往排头一站,眼睛一动不动盯着水,看是上水下水、清水浑水、文水武水。所谓上水下水是指排在拐弯时,江水是倾斜的,往前流左为上、右为下。遇见上下水,右棹要紧搬。这时头棹往往喊:"右边,猫牙子咬住!"猫牙,是棹板子的名。棹板子上钉着一片钢刺,叫猫牙,便于吃到木头里,抓住老排,能稳摇。

所谓清浑水，是指水底下有物。清水往往是不深不浅的水；打旋涡的水是深水，往往浑；哗哗响的水是有石头的水。放排必须记水记石，这是头棹的绝活。排出不出事，全靠头棹提前看出来。江道有规律，搬棹的要躲石头，叫看清浑水。所谓文水武水是指一条江道上的快水和慢水，而且特别是两副排在江上走时，要特别注意这种水。一江之上，靠甩弯处，上水为武水。武水厉害，往往呛浪、起鼓；下水为文水，往往水深。这时要让后排走武水，呛浪减速；让前排走文水，水深水稳，可以等一等，看着后排靠上来了才能共同上正流。

头棹的经验要十分丰富，要时刻留心后排。他往往总往后看，关心后排。如果到了排窝子（排靠岸歇气的点）时前排已经到了，后排还没影，他就会着急，说："走下水，看不着后排了……"如果排在下水方位还看不到后排，那一定是出事了，要立刻安排人从岸上往后跑，去抢救后排。头棹还要说话算数，爱护他这一帮子人，到哪儿都不受屈、不受欺，而且特别受木把的爱戴。

二棹

二棹是头棹的帮手。他往往替头棹担待各种事，让头棹一心一意地看水、记石、掌握方向。主要是维护头棹，照顾边棹尾棹。开排前，他要做好一切准备，把花棚搭上，放上斧子、排夫兜子、绕子、八锅子、粮食，在花棚的小桌上沏上茶水，给头棹喝。还要考虑到下一个排窝子的吃喝拉杂睡。总之，他是头棹的影子。

边棹

边棹，又叫尾棹。其实是排上的力工，最吃苦，要依照头棹和二棹的指示，不停地在排上跳来跳去。边棹的脚功要好，在排上走，脚要不利索，说滑下去就滑下去。抬腿时眼睛要盯住落处，脚眼配合，分毫不差。同时边棹的斧头把要准和狠，往往是看准哪节木排的绕子要开了，立刻赶上去钉死绕子，并且一锤完活。排在江上走，拐弯时江石一撸，只听"咔咔"响，连接木排的绕子立时开了，这时，边棹要立刻补救，看准开了的绕子，把八锔子一抛，关在木排上，然后斧落钉死。稍一慢，排和绕子的裂缝就会更大；稍一不准，浪头就要把八锔子打进浪里。边棹走排、钉排、穿绕子，要找准时间差。边棹往往是小半拉子，而且要干上五至八年，才能走上二棹和头棹的人生里程，可谓多年的媳妇熬成婆。

放排人的生活

随着排业的繁荣和发展，鸭绿江和松花江都产生了许多按江水里程形成的固定的排窝子，这样老排一到就有房子。遇到固定的村落，木帮还可以到山民家里投宿。随着木排的增多，相应地出现了许多旅店、客栈，也有红店（窑子），于是，许多山民家的闺女或媳妇和木把产生了爱情。

木排在江上走，最后的目的是到达终点。南流水是到安东（从前叫南海），北流水是到船厂，然后停在那儿，等着木材商（买主）来买。

木材商往往是吃木头饭的一些有钱有势的人，他们往往受雇于一些军阀、地方官、买卖人家。排到了南海，往往停靠在江湾海口处，让木材商们上排去验收看货。这些人十分精明，掐头去尾最后买下，然后一手钱一手货，打发木把们。木把们把排放到地方，他们的这一季活就算完成，这样的季节往往也是他们最幸福的时刻。

当木把们兜里有了钱，"享受"的日子里，柜上（木把所属的那些木场子掌柜）的人反而不见面了，不出来保护他们了。其实这些人早躲在某个地方，整天吃喝嫖赌，并暗中观察木把们的动静。他们往往和客栈主串通一气，专等木把们兜里的钱花光了，还不起店钱，欠了店铺一屁股债时，就出面了。他们假装说合，给木把们出店钱。其实，这是他们设下的圈套。表面上，他们向着木把，和木把们又签订了下一年的合同。其实这是一份卖身契，把木把的命又买下了。大部分木把，在木材终点地，被各种人物用各种招法将兜里的钱弄个精光，然后不得不返回山里再次卖命。

返回山里的人，民间称他们为江驴子。江驴子返山，主要是从江边回山，往往是一步一登高，逆水而行。有的柜上要求木把们把槽子拖回去。这种槽子是一种拖船，上边放着工具的棹把。木把们在岸上走，当纤夫。那一条条粗粗的纤绳，深深地勒进木把肩上的肉里。哪有《纤夫的爱》中唱的那美好的情景呀："妹妹你坐船头，哥哥在岸上走，恩恩爱爱，纤绳荡悠悠……"这一切只出现在木把的梦中。此时，木把们其实已成了柜上的牛马，只有拖着木槽子返回山里，再去周而复始地从事山场子和水场子的活。他们像驴一样往回返，没有吃，没有喝，沿途吃苣麻菜，乞讨，一步一步往回赶。从木材集散地往回走，大抵是深秋了，那一早一晚刺骨的寒风，使不少年老体弱的木把走着走着就一头栽在江里山边，从此再也爬不起来了。天上，是"嘎嘎"乱叫的大雁，地上是一具一具木把的尸体。这就是当年的鸭绿江和松花江啊。

不拖木槽子的返山木把，要自个背自个的小夹板、扛自个的大棹，从丹东返回山上，千里路程，拿步量，一走就要走上20天到一个多月。那时没有道，走山野、老林子、草窠子、贴着石砬子的羊肠小道。他们一人背个小夹子，光着腚，不穿衣裳反正也没人。早上起大早，正晌午天又热，走着走着一迷糊，掉下山崖的事时有发生。

回去后，木把略作休息，头场雪一下，山场子活又开始了。于是，木把们又去给柜上卖命，又开始伐木头、运木头、穿排、放排，然后返回来。他们的命运系在长白山的木头上，系在鸭绿江和松花江的水上，系在那茫茫大山的石头上，系在老林中的荒草和野地上。

5 放排人的歌谣

东北长白山放木排的歌谣,包括木帮们对江和水的观察,已形成了独特的文化类型。这些是独特而且非常珍贵的歌谣。

放排苦(一)

砍大树,搭木排,顺着浑江放下来。
拐过曲曲八道弯,绕过弯弯十八拐。

为求生,不求财,就等随时碰江崖。
哪管激浪冲千里,随处死了随处埋。

这首出自刘仲元的《放排苦》,写出了木把的生活实况。放排是最危险的活动,木把们在大江里流筏放木,就是同残酷的大自然打交道。江水山势、风雨雷电变化无常,木把们的小命往往随时葬送。

放排苦(二)

望不到后,望不到前,

  前呼后应声声传哪。
  头往右啊,尾往左偏,
  小心顺拐那个撞着山哪。
  岸上野兽叫,声声惨,
  鬼哭狼嚎心胆寒哪。

温泉搜集的《放排苦》是直接描写北流水放排生活的。这几乎就是木把们发自内心的一种呼喊。因放排是极其危险的一种工作,男人一旦上了老排,生死难测,所以人们都把放排看成是九死一生的行当。

  木把们常常发誓,这一季干下来,来年可不干了。可是木把把排放到南海(丹东)后,又禁不住东家的种种诱惑,把兜里的那点钱都花个溜溜光。什么逛窑子、设赌局,种种圈套,他们没有办法抵制这些诱惑。当他们在南海(丹东)把钱全花光后,把头和店里的掌柜串通一气,不让木把们走开,于是木把又被逼上走回老山的路。

      放排苦(三)
  头棹忙,二棹急,帮棹、尾子要拿稳。
  浪头浮又沉,人排儿一起滚。
  过了钓鱼台,心才放下来。

这首是徐明举搜集的《放排苦》,通过直接对江水的描写,记载了老排夫们从放排的经历中总结出来的体会。

  还有放排号子和抬木号子,赶河时又有赶河号子。如这首《折垛》就是一首木把赶河的号子。

领：浪里滚哟　　合：水里跳哟

领：木垛插得高哟　　合：咱们不怕高哟

领：用劲折哟　　合：嘿哟嗬

领：搬得好哟　　合：嘿哟嗬

领：刨钩捞哟　　合：嘿哟嗬

领：大头拽哟　　合：嘿哟嗬

领：上山能捉虎哟　　合：嘿哟嗬

领：水里敢斗蛟哟　　合：嗨哟嗨哟嗨哟

领：大山咱推倒哇　　合：哎嗨哟哇——

领：浪头来让路哇　　合：哎嗨哟哇——

领：木垛拆开了哇　　合：哎嗨哟嗬嗬——

领：上岸歇着了哇　　合：鸭子水上漂哇——

这里的"鸭子"是指木把们自己游水上岸。赶河，一般在春天进行。春季，山里的雪化了，桃花水下来了，山场子开始变得泥泞了。这时，一冬集中在沟沟湾湾边的木垛，开始由木把们推到这些河沟里，顺水滚放到大江（松花江或鸭绿江）主干流，进行穿排、流放。这个工程为赶河。

歌谣中还有反映木把们的爱情生活的。木把们虽然苦，但他们也是人，也有七情六欲，而他们的爱情却相当缺乏。这是因为他们穷，娶不起媳妇，再就是长白山里女人也少。可在大江两岸的村村屯屯，有不少大闺女小媳妇都在心底恋着这些木把，有的木把和她们产生了不可忘记的思恋。这是地域文化中的婚姻形态。

老恶河，十八浪，浪浪打在心坎上。

逼近黄石头，木排抖三抖。

把心衔在口，把命攥在手。

哥哥你这一走，撕掉妹子心头肉。

恨只恨那晚上，亲你没亲够……

木把们越是放排离家，越与女人有一种生离死别的情感。男人本来不常回家，而回家不久又要离去，妻子对男人有一种苦苦的思恋和惦记。长白山里的女人都能抽烟、会喝酒，这也是木帮文化的反映。因为抽烟能消除心中的郁闷，喝酒能借酒消愁，让她们在醉生梦死之中忘却对男人的惦记。

四 抬木

无论是大树伐完山上拖木，还是到楞场归楞、装车，到江边去放排，都需要人去抬，可以这么说，大山上的森林其实是用人类的肩膀扛下来的，所以，森林文化离不开抬木人。抬木人唱的歌，叫森林号子。

1　学规矩，记号子

进抬木帮抬木头，首先要过规矩关，而抠石磨只是头一关。规矩，就是说道。在东北民间，森林里抬木帮的说道十分残酷无情。首先，一个初进抬木帮的人要听别。听别，就是一盘肩的人要考验你能不能经得住压力。这是锻炼和考验一个年轻木把要命的过程。听别是这样的：抬木时，往往是八个人为一盘肩（大盘肩），其中又分成两副肩，又分大肩、小肩。大肩为右肩，小肩为左肩，各四个。大肩的人，手拿小杠，带小悠（一人手里要拿一件家什）。小肩是头杠三杠，拿把门（一种中间粗、两头细的工具）；二杠、四杠拿掐钩。到木头堆前，刷一下子闪开。杠子头（号子头）的号子"哈腰就挂拉吗"就响起。

这时，大肩的这副杠一搭钩，另一边小肩的人要立刻同时搭上，而且要立刻接号子。当杠子头的第二句号子"撑腰那么起吧"一起，人家大肩要先起，小肩要微微后起一下，这叫听别（又叫吃别）。这是大肩在考验小肩能不能听别，人品行不行，听不听师哥的话，守不守规矩，能不能吃苦、吃劲，等等。如果小肩听了，就说明入行进规了；如果小肩吃不住劲儿，立刻走人。

其实,这是很危险的一种实验。如果对方一盘肩想害小肩,他在小肩听别时,在搭木时只要把手里的掐钩绳稍稍往小肩那头挪一点点,号子头号子一起,一盘肩一别,小肩就会"哇"一口喷出血来,从此就残疾了(胸腔压坏了)。但大多数一盘肩,都能让新来的人过关,同时也不让新人伤着。但如果新人不仁义,没有人缘,没有眼力,就容易被人算计了。

一伙木帮抬木队,就是一个整体。他们每天抬木、干活,讲究的就是比赛。因为干得多,才能挣得多。大家必须团结一条心,所以敢于入抬木帮的人,都是好样的。

在山上抬木,吃饭不分,喝酒不分,一人有酒大家喝,干活时要互相照应。试想,两人抬木,如果一盘肩心里不舒服,腰一起、一顶,一盘肩的另一个人立刻开飞机(就是人身子向前一倾,倒了),这又叫啃掐钩。两个肩必须团结,比如爬木头堆(归楞),四个一盘肩都要互相照应。木头起来了(你太直腰了),前边的两人如果不想让后边的人上,后边的人就上不去。但前边的两个人如果想帮后边两个人一杠,他们手一提楞绳,后边的人上去就顺了。

如果一个人,人品不好,大伙想治他,太容易了。在太阳快落山时,选几根大木或弯弯的木,这个人品不好的人就不能按点上去,这样,一天的工钱就没有着落了。

木帮抬木,必须要会喊号子、听号子,这才叫会号子。在山里,不会听号子,是当不了一个木把的。在深山老林里伐木,首先要会听山场号子。

山场号子,是伐木人喊的号子,他是为了让在山里作业的人安全、吉祥,充满了生存的意义。山上的树长在山坡上,伐倒后,伐木人就喊上一声"顺山倒——"或"横山倒——"或"迎山倒——"。

哈腰挂
（江源城墙木场子，2006年冬拍摄）

这种号子称为喊山号，是在提醒山上的人、伐木人或路过的人，都要注意安全。顺山倒，是指大树倒下时顺着山的走向下来，这时，在山下侧的人要注意了。横山倒，是指大树在山的平台上倒下，这是最危险的，因倒树容易滚落伤人。迎山倒，是指大树正冲着山倒下，这时如果在山的高处的人，要注意了，别让倒树伤着了。所以，山里的号子，就是山林语言。一个不懂山林语言的人，当不了木把，也进不了长白山老林。

抬木的号子，更是一个当木把的人必须要了解和掌握的知识。抬木，全靠号子去指挥，一切语言，都变成了号子歌，不会唱和听这首歌的人，就永远当不了木把，更别谈抬木运木了。抬木喊号，要有号子头。号子头，又叫杠子头、哈啦嗨。这是因为喊号子的人每时每刻嘴里都离不开"哈""啦""嗨"等一些字眼。哈，指人猛地出一口气或喘一口气，往往指人自然地出气呼气的形态和表情，可谓逼真地反映了号子头的形象。啦，往往是指人的舌头一卷发出的最普通的音，是人对一种感受反应的最直接、最快捷的音阶，也是人类生活中最迅速、常用的音阶。嗨，和"哎""咳""嘿"等相同，往往是一个人在受到外界的压力，有感而发时最为直接的声音，是一口气突然猛烈地喷出。"嘿哟""咳呀""哎咳""哈啦"，这些双重语气词，正是抬木号子的核心音域，是东北长白山森林号子的主体语气助词。抬木号子往往通过自身的独特功能传递生命的自然功能，也记载了北方山林生活和地域文化的鲜明特点。号子，其实是人在劳动时自然呼出的气声，这就是原始的"歌"意。在抬木头时候，号子是催人的歌。

人，一个生命，当一种重力压下来，必然喘粗气，必然发出声音，于是，号子就这样产生了。号子就是人在劳动时自然发出的声音，也是给人听的。而人就是指对付木头的人，所以，号子也是对着木头来的。号子就是发号施令的意思。比如其他地域的川江号子、长江号子、黄河号子，都是指发号施令。森林号子也是如此。

号子发出的仿佛是命令，但这其中包含一种技术指标。所以，森林号子又是文化、是技术，它告诉抬木头的人要通过号子去怎么使劲、怎么迈步、怎么走动。千百年来，森林号子在岁月的磨砺中诞生、流传、使用、成熟，号子被人一代代固定下来，形成了特殊的文化类别。

号子音调的大小、粗细、长短，其实都和木头有关。

号子头往往是精通山林树木的能人。他往往用眼光来选木。他眼光一落，就决定了在哪儿下钩、怎么搭钩。而这一切，都要由他迅速做出判断，并通过号子把自己的意图传递给弟兄们。

号子是一种语言，一种特殊的森林语言。特别是到那种"木头瞪

木把任天元

（白山江源县三岔子林场，2004年2月拍摄）

眼珠子"的时候，号子调就更出花样了。一般来说，木头粗又大时，号子王的号子调发沉、发重、发厚，音有些低。大伙一听这种号子，立刻也都谨慎起来，小心地选择下钩的角度，互相配合要快、得体，并互相关照。当出现又弯、疙瘩节子又多的树时，号子头的号子调往往一高一低，并且一会儿高、一会儿低，称为花号调。这是让挂钩的人仔细去找好位置，别急，要看准。大伙一听，也就明白了。当木头直、粗细相当，是一条好木时，号子头的号子调平和、轻松、愉快，大伙也就像往常一样接号了，这称为老顺号。

但是，一根木，从抬起到堆到大载堆（又叫拿顶），往往会随时出现复杂的情形和意想不到的事情。这时，也全靠号子头用号子去指挥抬木。比如，归楞，需要上跳（就是木头越堆越高）。为了能上去，要撑（搭）两根木板（称为跳板），抬木人要在它上面抬木上去。人本来就沉，再加上木，就更沉。人一上去，木板就有角度了。这时，行话叫木头拉弓了。拉弓，是相当危险的。人跳上，木板拉弓，木头又放不下，人想停又不能停。怎么办？就得用号来催。这个时候，大伙什么也不说，什么也不能想，只听号子头的号子唱，而且要一丝不苟地听号指挥，不能有二心。

正因为号子如此重要，对于不听号或不懂号的人，森林木帮把头一定会严处，不管他是谁。

2　号子行的组织结构及抬木工具

号子行的组织结构

领杠

领杠，是这一行的主要人物。抬木头，都得用一根杠子，所以他们的领头人就叫领杠，又叫拿杠、杠子头或号子头。因为这个头除了具有领导者的能力外，还必须是号子的领唱者。领杠人是靠号子来指挥大家的，俗称"唱着说"，他张口就是号子，也就是歌的意思。

每次抬木，抬哪根，杠子头的杠子一落，别人要立刻明白他的意图，俗称撵杠。抬木头是动作和声音相辅相成的工作。杠落歌起，杠到号到，差一分一毫也不行。而这种行为的分寸，全靠号子头唱着号子带头施行。

头杠

头杠，是一伙抬木人中的头一个人。抬木分四个人、六个人、八个人等的杠子伙。每四个人称为一伙，又叫一盘肩，也有两个人称一盘肩的。而无论几盘肩，头前的第一个人（右肩）都称为头杠。通常是左为大，抬木头却是右为大。左为大的道理是人心脏在左，而心脏是人生命的主导和主体。可是抬木不同，抬木头时，头前的两个人中右肩为头杠。

二杠

二杠，是这一盘肩中头一盘肩的第二个人，俗称二掐子，是指第二道掐钩之意，是说这个人要操纵他手中的抬木工具——掐钩。二杠是这一盘肩中最重要的位置，他的位置决定了他抬的分量最重。放木时，他先蹲掐子，松掐钩。

三杠

三杠，是这一盘肩中可有可无的位置。如果木头小，就可以撤了这一杠。但如果木头大，没有他就不行。他要随时看着前头行事，要有眼力见儿才行。

耍尾的

四杠，又叫耍尾、甩尾，是指一种长尾的动物尾巴会动、会甩。抬木头的帮伙队伍，几个杠子一组合，恰恰像一条龙在行进，所以就有了头和尾。

唱号子时的工具和用法

号子在劳动中诞生，在劳动中离不开的工具主要指抬木时用的工具，如大杠、小杠、把门、掐钩、小悠、绳索、刀锯、跳板、卡凳，等等。

掐钩

掐钩，是由一个绳套或铁丝穿挂着两个铁钩的东西。铁钩有一定的弯度，用来搭挂木头。抬木时，掐钩掐住木身，上边的套穿上把门，两边穿上小悠，就可穿杠了。这种工具是号子手们不可缺少的。

把门

把门，是一根长木，有1.2～1.5米，主要根据木本身的粗细而定。此木两头细、中间宽，中间宽处冲上有一个卡，是挂掐钩的位置。两边也各有一个冲下的卡，是挂小悠的印。

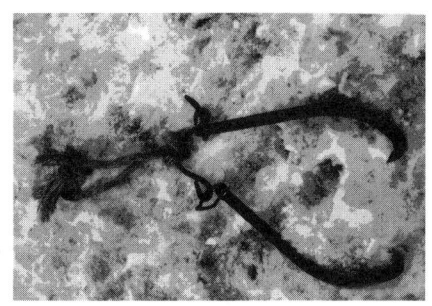

掐钩
（由铁、麻组成。松江河林业局，1994年冬拍摄）

小悠挂上，穿好木杠，便于一盘肩来起杠。

小悠

小悠，就是一种绳套，一尺到一尺五，主要是抬木人用来连接把门和小杠的。当把门的在掐钩上卡住木头时，人们立刻将木杠穿过小悠，然后在号子头哈腰挂的号子歌声中，将木头抬起。

撬钩

撬钩又叫卡钩。这是一根1.5米左右的长木。一头镶上

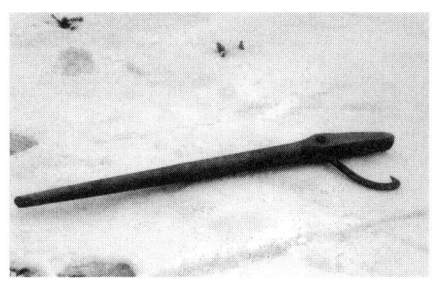

撬钩
（二道白河林场，2011年冬拍摄）

四 抬木 | 107

一个卡钩，便于抬木人在归拢木头时使用。在山坡和楞场上归来，都得使用卡钩。往往是大树体积庞大，一下子卡在众多木头的堆缝里，若是不动一动，抬的人就搭不上掐钩。于是抬木人就得用这个工具去转动木头。

搬杠

搬杠，相当于撬棍，是一种长长的硬木圆棍。每当木头不好移动时，就将木棍的一头插进别的木头缝里，然后使劲搬动木棍，使将要移动的木头滚动。在山上和木堆上，这都是常用的号子用具。

大掏

大掏，又叫大套。在山上，绳都叫掏或套。大掏，是指长50～100米的大绳、粗绳。

这种大掏，主要是在唱《拽大绳》号子时用的工具。拽大绳，是指将一根粗大的木头用绳子拢上，然后众多的人一边唱着《拽大绳》号子一边往上拽扯。在木场上，常常有一些大木得用拽大绳的方式才能将它拉上跳、归上堆。

号子头和小杠
（江源青沟门，1994年冬拍摄）

小杠

小杠，是抬木的木把们必备的工具。往往就是一根1.2～1.3米长的木杠，中间宽厚，两头细平、光滑，中间放着小悠。每当把门带掐钩搭住木头，小杠就由小悠挂起，于是一盘肩便可以去抬了。这个动作，是在号子头哈腰挂的声音中迅速完成的。

卡凳

卡凳，是一种四条腿的长木凳。木腿分长短，这样就决定了木凳的高矮。卡凳是用来架跳板的。高的，是用来搭越来越高的木垛上的跳板。低的，是开始架时的跳板。许多号子就是在卡凳架起的跳上完成的。

垫肩

这是一块长宽各 1 米的白布，也有的是一条长布。用时要叠好，垫在抬木人的肩上。由于它和人肩上的皮肉接触，所以称垫肩。这是木帮人的伙计，又是一个抬木的木帮人生与死的见证。每一个木把的垫肩，往往是木把用皮肉骨血来传承下来、保留下去，是木把们的一部伤心的苦书。

3 号子的名称和常见号子种类

抬木号子的名称

一首号子的诞生，完全是伴随劳动产生的。这个劳动，就是指抬木头。

在长白山老林中，当人们要将木头搬走运走时，如何对付一根上千斤重的大原木呢？于是，一首劳动号子就伴随着木头的运走而产生了。

哈腰挂

任何木头，都是在号子王哈腰挂的号子声中被掐钩掐住而抬起来的。哈腰挂本来是动作，却由号子的描写而成为号子名称。在哈腰挂这句号子产生之前，木把们先要对准原木站好，接着，要把把门和掐钩对准木身，只等号子王开口。当一切准备好后，号子王的歌声起了：哈——腰——那么——挂——呀——，这时，手拿把门和掐钩的大肩木把要在号子的催促下，迅速将掐钩掐在树身上。这时，号子王的第二声歌开始了。有人可能问：为什么哈腰挂不用口去说，而选择了唱呢？

其实，说和唱的最大不同是气。唱着说，正符合重力压在人肩上时的情形，是人自然发出的呼声。而唱能减轻人的压力，又能分散人的紧张心理。唱出的声音同时给人一种轻松和美妙的感觉。

撑腰起

撑腰起，就是在掐钩掐好木头后，在号子头的歌声中，抬的人要一起直起腰。直起腰称为撑腰起，这是很有科学道理的。撑，是指人要手扶膝盖，用劲、迅速地直起腰，不能快，也不能慢。快或慢，全是在号子头的指挥下完成。号子头在唱撑腰起这句号子时，完全是根据观察和平时的经验，大家没准备好，他是不会唱这一句的。接下来，第三句就开始了。

往前走

挂好钩，又直起了腰，当然要走。往哪儿走？往前走。当然，有时也往东走、往西走、往南走、往北走。而这句号子，就是根据不同的方向而变化。号子头只说往这几个方位，这是吉祥的语言。无论是往哪个方向移动，都是号子王通过号子来告知大家的。

上跳

抬木，最重要的阶段往往是归楞和上跳。无论是归楞还是上跳，都要走跳板。这时，号子就该丰富多彩了。上跳，是最危险的时候。号子头也要随时提醒大家注意前后左右。有什么要交代的，号子王就把话编在号子里传给大家。如走在跳上时，号子头往往会非常具体地提醒某木把"左边的小心点，嘿嘿哎哟——！""右边的留心点，嘿嘿哎哟——！"这是嘱咐类号子。

嘱咐号子，是问和告知，接号的"嘿嘿哎哟"是回答。这一问一答的号子里，体现出号子王的机智和善良，也体现出对每一个木把的关心和爱护。

号子头不在头一杠，他往往在二盘杠的头一杠，这叫察前观后，就是说前后的人他都能照顾得到。他发出的号，谁不接都不行。不接、不出声，就是没反应、没听到指挥，这是不行的。这样会使号子头不好发下一句号，因他不知道队伍是否在他的指挥之下。所以，不回号，号子头就会骂木把，甚至打木把。

上跳
（白山江源县三岔子林场，2004年2月拍摄）

拿大顶

拿大顶，就是上木头堆。上木头堆，是最危险的时刻。脚下是打滑的原木，人肩上是千斤重的压力，稍有不慎，便会滚坡，造成伤亡。这时的号子会特别响亮、清晰："前头翘哇——！嘿哟哟哟——！后头往左摆呀——！嘿哟哟哟——！"这是因为号子头看见木堆中有一根大木有个粗屁股，不抬高过不去。如此的号子，都是号子头在指挥木把们科学作业、安全作业，直至大木在木堆上放好摘套为止。摘套的一瞬间，才是木把们喘口舒心气的时候，这时他们才敢于东张西望或想想事情……

一首森林号子的好与坏、长与短、简单与丰富，完全取决于抬木过程。这个过程如果复杂，号子就丰富多样；如果从木头抬到上堆上车的地方远，中途要经过家属区、集市、过道、人家等处，这时号子就有可能多样化。因为杠子头要时时提醒抬木的人集中精力，还要指责那些在一旁看热闹的人说风凉话，要回击他们，又不耽误活计。于是，一首又一首风格不同、内容多样的号子就这样产生了。一首好的号子，完全取决于号子王的天才创作和艺术加工，是一种现实意义很强的民间文学作品。

常见的劳动号子

长白山森林号子调律十分丰富，从前有七腔九韵和九腔九韵之说，

木把抬木，喘口气再唱……
（敦化黄泥河林业局，2006年冬拍摄）

还有十八拐（十八甩）之论。甩，指号子调的音量变化走向，即向不同的方向走。

上甩，是音的收尾向上挑，意在号子头告诉大家往上使劲。如"哈腰地挂呀——哎——"，这"哎"，往往是上甩。和一下句的"起"，共同起到往上用劲的作用。

下甩，是指音的收尾向下坐，意在号子头告诉大家往下使劲。如"轻轻地落吧——嘿——"，这"嘿"有一种下坐下落的音律，属于下甩。

前甩后甩、左甩右甩，都是号子的音在结尾处重要的音律处理。通过音和调的变化，形成对劳动节奏的指导。

双上甩和双下甩，就更加复杂化和多样化。"甩"使得长白山森林号子能在复杂的林业生产劳动中存在并发展。

长白山森林号子在久远的存在历程中创造出诸多有名的号子音律的代表作，如《老母猪哼哼》《老太太调》《蛤蟆调》《十八挂》，都是通过调律来指挥抬木、完善生产、丰富生活的。

《老母猪哼哼》调一起，大家都仰脸；《蛤蟆调》一起，大家都前一下后一下；而当《十八挂》一起，前后左右的人都低下了头。更有一些出名的号子，如《赞美人》、《渡东海》（又叫《扬篷帆》）、《娘娘车》、《海子唢呐》、《口口甩》、《英雄调》、《好汉坡》（又称《喊号子》），使人感受到东北森林号子的丰富和久远。

从前的大东北寒冷无比，大荒片子绿海茫茫没人烟。可是抬木人"巴图鲁古勒冈"（喊号的汉子）声调一起，人人情绪激荡，开进了深山老林。

长白山森林号子主要包括风情号子、历史号子、人物号子和劳动号子，如串坡号子、归楞号子、拽大绳号子、卸子号子、起重号子等。

劳动时的技术指示性号子

这类号子主要包括串坡号子、归楞号子、上跳号子、拽大绳号子等。主要是指挥抬木者注意安全,顺利从事运木。

串坡号子

串坡号子主要是在山场子上(伐点)把伐倒的大树归到爬犁道上时唱的号子。这类号子在深山老林的雪原里进行。山里孤寂无人,处处是山涧和陡坡。串坡号子充满了提醒性,指挥众人注意脚下的树根山石,以免绊倒伤人或滑坡,这种号子具有完全劳动性的形式特点。

哈腰挂

领:哈腰挂来　　合:嗨——

领:哎哎嘿——　　合:嗨——

领:哈腰就挂上了　　合:嗨——

领:哎嗨哟吼——哎嗨　　合:嗨——嗯哈嗯哈——嗨

领:往前走吧　　合:嗯哈嗯哈——嗨

领:哎——嗨　　合:嗯哈嗯哈——嗨

领:哎嗨哟吼　　合:嗯哈嗯哈——嗨

领:往前走来吧　　合:嗯哈嗯哈——嗨

领:哎嗨——哎嗨　　合:嗨嗨——嗨——嗨嗨

领:上来啦——哎嗨　　合:嗨——哎嗨

哈腰挂

领：哈腰挂吧——嘿

合：嘿——

领：嘿（那个）哈腰——嘿

合：嘿嘿——

领：哈了个（的）腰来

合：嘿——

领：嘿——

合：嘿嘿——

领：哈（那个）腰吧——嘿——

合：嘿——嘿嘿——

领：往前走哇——嘿——

合：嘿嘿——

领：外呀的走哇——嘿——

合：嘿嘿——

领：往前的走（的）着——嘿——

合：嘿嘿——

领：走了过（的）来了——嘿——

合：嘿嘿——

领：哎我个来嘿——嘿——

合：嘿嘿——

领：外呀的嘿嘿——嘿——

合：嘿嘿——

领：哎呀的走哇——嘿——

合：嘿——嘿嘿——

领：走了过（的）来的——嘿——

合：嘿——嘿嘿——

领：哎呀的这一回

合：嘿嘿——

领：这个一（的）回呀——嘿——

合：嘿嘿——

领：管他（的）那一回——嘿——

合：嘿嘿——

领：那（了）一（的）回吧——嘿——

合：嘿嘿——

领：管他（的）那一回——嘿——

合：嘿嘿——

领：累得个够呛——嘿——

合：嘿嘿——

领：啊那个压的呀——嘿——

合：嘿嘿——

领：哎（那个）走罗——嘿——

合：嘿嘿——

领：哎（那个）推着走——嘿——

合：嘿嘿——

领：啊（那个）推推——嘿——

合：嘿嘿——

领：推了过的走着——嘿——

合：嘿嘿——

领：啊那来吧——嘿——

合：嘿嘿——

领：往前来了——嘿——

合：嘿嘿——

领：嘿（那个）来呀——嘿——

合：嘿嘿——

领：来（那个）哈腰

合：哈腰嘿——

（注：这首号子由临江林业局工人演唱，采录者徐国清，记录者张淑霞）

挺起腰

领：哈腰挂来——吼嗨——嘿嗨——

合：嗨——嗨——嗨——

领：挺起腰来——往前走吧——哎——嗨嗨——

合1：嗨——嗨——哈哈——哈嗨

合2：嗨——嗯唧啦嗯嗨

领：吼——嗨——哎——上来吧

合1：哈哈——哈——嗨——哈哈——哈——嗨

合2：嗯唧啦嗯——嗨——嗯唧啦嗯——嗨——

前后猫腰号

领：哈腰挂来

合：哎嗨！

领：哎嘿嘿嘿啦

合：哎嗨！

领：大家就准备好

合：哎嗨！

领：前后就猫啦腰

合：哎嗨！

领：掌（啊）起来腰（啊）来

合：哎嗨！

领：前后就注（啦）意

合：哎嗨！

领：哎嘿啦嘿啦

合：哎嗨！

领：往前（啦）走（啦）去

合：哎嗨！

领：哎嘿嘿嘿

合：哎嗨！

领：哎上来

合：哎嘿！

领：哎嘿嘿嘿

合：哎嘿！

领：哎好（啦么）好

合：嘿！

（注：这首号子由柳毛河林场工人集体演唱，记录者王冠群）

往前走吧号

1=♭E
♩=72

领：哈腰挂来——

合：哎嗨！

领：哎——嗨——

合：嗨！

领：哈——挺起腰来——

合：嗨！

领：哈——往前（来）走吧——

合：嗨！

领：哈——哎嗨——

合：嗨！

领：哈——嗯——哎嗨

合：嗨！

领：哈——这就弟兄们啦

合：嗨！

领：哈——向前（啦）走吧

合：嗨！

领：哈——哟吼——

合：嗨！

领：哈——哎嗯哈哈

合：嗨！

领：哈——这就上来了啦

合：嗨！

领：哎嗨嗨嗨

合：嗨！

（注：这首号子由柳河贮木场工人集体演唱，记录者王冠群）

松口气（原名木把号子）

哈腰起呀，咳——！

步要齐呀，咳——！

慢慢走呀，咳——！

别着急呀，咳——！

一步两步，咳——！

连环步呀，咳——！

三步四步，咳——！

躲点泥呀，咳——！

五步六步，咳——！

梅花瓣呀，咳——！

七步八步，咳——！

腰挺直呀，咳——！

九步十步,咳——!

正来劲呀,咳——!

前边来个,咳——!

戴花的呀,咳——!

大眼睛呀,咳——!

柳叶眉呀,咳——!

樱桃小嘴,咳——!

笑嘻嘻呀,咳——!

俩酒窝呀,咳——!

一边大呀,咳——!

可惜大姐,咳——!

是人家的,咳——!

猫咬吹泡,咳——!

空欢喜呀,咳——!

前边拐拐,咳——!

后边甩甩,咳——!

到一站呀,咳——!

松口气呀,咳——!

哎咳咳咳,哎咳咳咳。

(注:这首号子口述者赵友志,采寻者梁之,1984年5月采录于抚松县两江口)

归楞号子

归楞号子是在林场山下运木抬木时唱的。这种号子着重表达了林业工人把原木运下山后的一种喜悦之情，并向一些围观的人来抒发自己的愉悦之情，有时免不了带一些挑逗和对话。号子的词全靠起号人的即兴创作，因此时的号子往往是在众人围观的公共场合下进行的。由于号子灵活多样，往往也会调动起众人的情绪。特别是号子头一些即景生情的独创号子，往往被众人记住并流传。一些有趣的著名号子往往在这种时候产生并流传下去，成为一种固定的号子样式。

归楞号子

前后就挂好钩啦，——嘿呀！

前后钩就逛荡逛荡，——嘿呀！

站稳了脚跟，——嘿呀！

撑腰起呀，——嘿呀！

挺直了腰板儿，——嘿呀！

抠紧了杠子头儿，——嘿呀！

看准了脚步，——嘿呀！

留神脚下，——嘿呀！

往前走哇，——嘿呀！

稳稳当当，——嘿呀！

人心齐呀，——嘿呀！

泰山移呀，——嘿呀！

加把劲儿啦，——嘿呀！

憋口气儿啦，——嘿呀！

前后看准，嘿呀，撂！

（注：这首号子口述者齐德才，采录者傅明忠，1984年6月15日采录于公主岭）

挖杠号

领：嘿咿哟吼大家准备好

合：哎嘿哟吼准备好

领：注意那安全别叫它碰着

合：哎嘿哟吼别叫它碰着

领：嘿咿哟吼大家搬个吊

合：哎嘿哟吼大家搬个吊

领：挖杠搬吊刨钩捅着

合：哎咿哟吼刨钩捅着

领：小头等着大头上一号

合：哎嗨哟吼上一号

领：嘿嘿哟还得搬个吊

合：哎嗨哟吼搬个吊

领：小心啊慢着那上这个大土壕

合：哎嘿哟吼哎嘿哟

领：再来一号它就下去了

合：哎嘿哟吼哎嘿哟

（注：这首号子由柳毛河林场工人集体演唱。记录者王冠群）

挖杠号是在装车时唱的号子，有时因为干活紧，领号从接号的第二或第三拍接号。也称归楞号子。

蘑菇头号

领：噢咿！

合：噢咿！

领：挺腰啊！

合：噢咿！

领：前走啊！

合：哈呀个哈呀个嘿呀，哈呀个哈呀个嘿呀，哈呀个哈呀个嘿呀，

领：里口啊！

合：哈呀个哈呀个嘿呀！

领：哈腰吧！

合：嘿！

木工号子

咳哟号——哈腰挂了么，

咳哟，挺起腰了么，

哎咳，迈齐步了么，

咳哟！劲使匀哪，

咳哟！往前走哇，

咳哟！看到红娘，

咳哟！心要纯哪，

咳哟！情要稳哪，

咳哟！神保平安，

咳哟！诸位哥们，

咳哟！跳上走哇，

咳哟！脚放准哪，

咳哟！上了楞啊，

咳哟！站住脚哇，

咳哟！好！放！

（注：这首号子讲述者王江，采录者刘贤）

这首号子是木帮归楞的劳动号。红娘，是触景生情，凡见女性都如此称呼。

拽大绳号子

拽大绳号子是抬木号子的另一种，主要是在木堆封顶时把巨大的树木用绳子拢好，然后由号子头起号，大家一起来拉动绳子时唱的号子。这也是长白山森林号子的主要样式之一。所有的号子都在号子头领唱之后，众人以"嘿哟"或"嘿嘿哟"等声接号，是这种号子独特的形式和特征。接号的人，号和行为要统一，就是在发出接号的号声之后，步伐和身体的扭动要符合韵拍，这是森林号子的重要特色。这种接号完全来自于人身体在负重情况下的自然反应，也是负重前行时心理压力的释放。森林活动使每一个抬木人必须要会喊号、接号，并运用号子去工作，这是一种自然行为的歌声。有时号子也会出现南腔北调，这不是号子本身的原因，而是唱号子的人来自天南地北，这使得号子的声音发生变化，但总的韵调不变。不过，人们不希望南腔北调，应该使用普通话，因此，号子是传播普通话的重要媒介。

拉大绳

1 = F
♩ = 48

[简谱乐谱]

领：噢咿！噢吼起来吧　　合：嗯啊来吧
领：噢咿过了来吧　　　　合：唉嗯啊来吧
领：噢咿上个那头吧　　　合：噢咿啊来吧
领：噢咿到了地方喽　　　合：嗯咿来吧

（注：这首号子由今白山市三岔子贮木场徐玉才演唱。记录者是王冠群）

拽大绳号

领：噢起来拽吧　　合：哼嗨来哟

领：哎抓着你那头　　合：哼嗨来哟

领：哎哥几个拽吧　　合：哼嗨来哟

领：合起来拽呀　　合：哼嗨来哟

领：哥几个拽呀　　合：哼嗨来哟

领：哎上上你那头　　合：哼嗨来哟

（注：这首号子由吉林市搬运公司曹凤来等演唱，采录者罗林、陈银河，记录者王娜）

卸车号子

卸车时，大木头用大绳拽。四五米长的木头，不必用绳拽，四五个人一根，从车上往下扔。卸车号子就是在这种情况下喊的号子。

卸车号子

1=♭A
♩=60

（曲谱略）

领：哎——哎哎——　　合：嘿嘿

领：一个个拽来吧　　合：嘿——

领：好大的家伙　　合：嘿——

领：你要使劲拽来　　合：嘿——

领：千万可别丢了——哎　　合：嘿——

领：千万个拽呀　　合：嘿——

领：一个不动弹呀　　合：嘿——

领：再来个二号哇　　合：嘿——

领：千万个注意了　　合：嘿——

领：咱们那个拽来——哎　　合：嘿——嘿——

（注：这首号子由邹盛恩演唱。采录者罗林、陈银河，记录者王娜）

装火车

哈腰就挂呗，嘿，嘿——嘿——嘿

掌腰就起来嘛，嘿，嘿——嘿——嘿

挺起个腰杆儿，嘿，嘿——嘿——嘿

往前走来嘛，嘿，嘿——嘿——嘿

上山冈啊，嘿，嘿——嘿——嘿

前送劲儿嘛，嘿，嘿——嘿——嘿

盯住步啊，嘿，嘿——嘿——嘿

后猫腰啊，嘿，嘿——嘿——嘿

二杠上啊，嘿，嘿——嘿——嘿

后边儿送劲儿，嘿，嘿——嘿——嘿

都上来了，嘿，嘿——嘿——嘿

稳住步啊，嘿，嘿——嘿——嘿

大肩就边股，嘿，嘿——嘿——嘿

哈腰就撂下，嘿，嘿——嘿——嘿

这是温泉在三岔子搜集的抬木歌谣。

端木头号

领：嗨哟把它端哎　　合：高高地端哎

领：大家一块端哎　　合：一块端哎

领：再来下一根哎　　合：高高地端哎

领：一块往外扔哎　合：一块扔哎

（注：这首号子由邹盛恩演唱，采录者罗林、陈银河，记录者王娜）

起重号子

起重拽号是煤矿工人在井下搬重东西时唱的号子。

起重拽号

1=C

♩=60

[简谱：领/和 二声部乐谱]

领：来——拽来　　合：嘿哟

领：哈腰那个拽的了外　　合：嘿哟

领：这就拽起来了外　　合：嘿哟

领：大家伙都接号了外　　合：嘿哟

领：接号干有力量了外　　合：嘿哟

（注：这首号子由舒兰矿务局运木场工人刘克志演唱，记录者王娜）

重运号

1=F
♩=80

（乐谱：领、和两声部，2/4拍）

领：哎嘿嘿　　合：嘿哟！

领：哎大家都起来呀　　合：嘿呀！

领：诸位老哥们儿啊　　合：嘿呀！

领：咱们拉起来呀　　合：嘿呀！

领：拽拽的拽吧　　合：嘿呀！

领：大家辛苦的了喂　　合：嘿呀！

（注：这首号子由营城煤矿工人演唱，记录者是赵云程、王冠群）

其他类号子

轱辘木头号

1 = B
♩ = 80

[乐谱]

领：来个个儿来　　合：嘿！

领：一块个抠来　　合：嘿！

领：撬（外）个撬来　　合：嘿！

领：要扳钩来扳来　　合：嘿！

领：压角子抠哇　　合：嘿！

领：千万个小心哪　　合：嘿！

（注：这首号子由舒兰矿务局木场工人邹盛恩演唱，采录者罗林、陈银河，记录者王娜）

这首号子是在木头大，没法抬，或放的地方不好挂钩，用杠子轱辘时唱的号子。

哥们号

大小肩，嘿呦

前后杠，嘿呦

搬钩压脚子，嘿呦

都一样啊，嘿呦

这是抬木人老孙头唱的号子。

捞木头谣

哈腰就捞哇，嘿，嘿——嘿——嘿

还是个捞哇，嘿，嘿——嘿——嘿

绾小扣啊，嘿，嘿——嘿——嘿

再来个捞哇，嘿，嘿——嘿——嘿

还是捞哇，嘿，嘿——嘿——嘿

跷脚捞哇，嘿，嘿——嘿——嘿

再来一点嘛，嘿，嘿——嘿——嘿

好了个好啊，嘿，嘿——嘿——嘿

吃砸巴地

大小肩，前后杠，刨钩压脚哪一样，

谁不服劲儿，来，较量！较量！

被人看不起的抬木人称为吃砸巴地的。但他们自己不这样看，而是认为自己有能耐，是真正的汉子。

抬轻木头号

领：哈腰挂来　　合：嘿——

领：哟吼　　合：嘿——

领：哟吼　　合：嘿——

领：哟吼　　合：吼吼嘿吼，嘿

领：哟吼　　合：吼吼嘿吼，嘿，嘿

拆垛（木把赶河号子）

领：浪里滚哟！　众：水里跳哟！

领：木垛插得高哟！　众：咱们不怕高呀！

领：用劲拆哟！　众：嘿哟嗬！

领：搬得好哟！　众：嘿哟嗬！

领：刨钩捞哟！　众：嘿嗬！

领：大头拽哟！　众：嘿嗬！

领：上山能捉虎哟！　众：嗨哟嗬嗨哟！

领：水里敢斗蛟哟！　众：嗨哟嗬嗨哟！

领：大山咱推倒哟！　众：唉嗨哟嗬——

领：浪头咱赶跑哟！　众：唉嗨哟嗬——

领：木垛拆开了喽！　众：唉嗨哟嗬嗬——

领：上沿歇息了喽！　众：鸭子水上漂喽——

（注：这首号子口述者张姜氏，采录者张平，1984年采录于十二道沟）

赶河，指木把们把山里的圆木通过沟沟岔岔放到江边，准备穿排流放。这种集中木材法叫赶河，民间叫放散羊。

轱辘木头号

领：轱辘过来的　　合：了——

领：还得（那个）轱辘的　　合：了——

领：还得轱辘的　　合：了——

领：这么大的家伙　　合：了——

领：真够呛啦　　合：了——

领：老哥几个　　合：了——

领：这回（那个）辛苦的　　合：了——

领：辛苦的呀　　合：了——

领：还得（那个）使劲　　合：了——

领：又提上劲哪　　合：了——

领：看看这来的　　合：了——

领：过来（那个）完成　　合：了——

领：完（了）成的　　合：了——

领：看看过来的　　合：了——

领：摞起了大堆　　合：了——

领：轱辘过来了　　合：了——

（注：这首号子由营城煤矿工人演唱，记录者赵云程、王冠群）

一种生活中带点"滋味儿"的号子

抓小辫儿

领：哈腰干哪

合：嘿哟——嘿哟——嘿哟

领：抓小辫呀

合：嘿哟——嘿哟——嘿哟

领：你真好看哪

合：嘿哟——嘿哟——嘿哟

领：咱别贪恋哪

合：嘿哟——嘿哟——嘿哟

领：迎风站哪

合：嘿哟——嘿哟——嘿哟

领：咱是好汉哪

合：嘿哟——嘿哟——嘿哟

领：谁迈不动步呀

合：嘿哟——嘿哟——嘿哟

领：最操蛋哪

合：嘿哟——嘿哟——嘿哟

还有一些如《二狗子老婆》《老把头》《倚门框》等，是抬木工人对他们憎恨的人物，如警察、二狗子、监工、汉奸等人物表示轻蔑或进行咒骂的号子，也很丰富和普遍。

描写劳动生活和场景的号子

乐呵号子（自豪歌）

十四个人哪，嘿，嘿——嘿——嘿

仨楞场那么，嘿，嘿——嘿——嘿

分两伙呀哈，嘿，嘿——嘿——嘿

六和八呀，嘿，嘿——嘿——嘿

六个的硬啊，嘿，嘿——嘿——嘿

硬杂木啊，嘿，嘿——嘿——嘿

八个的大呀，嘿，嘿——嘿——嘿

尽大个来吗，嘿，嘿——嘿——嘿

海个儿的靠啊，嘿，嘿——嘿——嘿

匀溜个的上啊，嘿，嘿——嘿——嘿

加油干那么，嘿，嘿——嘿——嘿

干完了那么，嘿，嘿——嘿——嘿

再合一呀吗，嘿，嘿——嘿——嘿

弟兄们哪，嘿，嘿——嘿——嘿

多辛苦那么，嘿，嘿——嘿——嘿

多流汗那么，嘿，嘿——嘿——嘿

使劲儿干那么，嘿，嘿——嘿——嘿

4　森林号子的价值

长白山森林号子是这一带老林子里从事伐木工种的工人在抬木、运木时唱的一种歌谣，我们称之为长白山森林号子。

长白山是东北亚地区的最高峰，特别是在吉林省东部，森林覆盖率超过85%。从前采伐工人伐下的大树，全靠木帮们抬到爬犁道上由爬犁套运下，再归楞、穿排、外运。这一切行动都要唱着号子来完成。号子是人在抬木时自然发出的呼声。由抬木人的领头人杠子头（又叫号子头）来领唱，其余的人接唱（又叫接号），便于抬木行走迈步整齐，使木头悠起来，从而平分压力，运走木头。自从有了森林和采伐，森林号子就没有停止过，它千百年来活在吉林省长白山森林里。可是近些年来，由于森林处于停采保护阶段，而且机械化的运木归楞可以靠贮木场吊车去完成，这使得抬木的活动越来越少，于是这种森林号子就越来越少。加上从前会唱这种号子的老伐木者正在渐渐地苍老和故去，使得这种传承了千百年的森林文化难以得到传承，处于真正的濒危状态。

但是，由于长白山的森林每隔几年就要进行一次抽伐，以便使森林透光通风，而且除了机械化的运木外，一些贮木场还会组织部分林业工人抬木。事实上，这种森林抬木号子依然以活态存在于今天的长白山森林之中，为我们抢救和保护这种珍贵的自然生态文化提供了条件。

森林号子的艺术特征

多样性　种类多样：除了以抬木为主要代表的抬木号子外，还流传着上跳号子、捞木号子、拽大绳号子等。内容多样：唱词中既有民间谚语、成语，又有许多俗语、俚语等地方方言，还有人生哲言、箴言、故事、传说、小帽等。长白山森林号子是东北民间小调、民歌、秧歌帽、二人转说口之大集，许多号子王往往也是这种民间艺术的优秀代表者。他们又通过自己抬木的亲身体会而创作了号子，使号子具备了独特的韵律和韵调。号子因每一次抬木的具体感受所发，表达了木帮人每一个时期的心理状态，记录了人复杂的生存背景和空间。号子是研究长白山文化和东北地域文化的重要之本。动作多样：运木唱号子，唱的人步伐一致，但手、腰和步伐优美奇特，给人以一种在负重的场景中油然而生的动作美感。

创造性　长白山森林号子是抬木人即兴创作的一种歌谣。由于往往是见景见物即兴而发，所以保留了诸多号子王独特的创造智慧。如反复描写一个人物、一个场景、一个动作，但不枯燥，不显得重复。这主要是号子通过调的高低、粗细、长短、大小调节了听众的心理，产生了迷人的韵律。虽然韵律固定，但由于富于创造性，所以百听不厌。

民众性　长白山森林号子是长白山伐木者生活中不可缺少的组成部分。人们常说，森林里如果没有号子，长白山就没有了灵气。这话一点不假。号子声时时飘荡在长白山人的生活中，已经和生活在这里的民众息息相关，成为人们生活中难忘的内容。

森林号子的主要特点

传统的固定性 所谓固定，是指号子的名称和类别。这种类别往往是在长白山区久远的历史中流传下来的。只要号子一出口，跟的人、合的人、听的人就都知道这叫什么号子，很受欢迎和喜爱。

生动的灵活性 许多长白山森林抬木号子在号子王的口中变化无穷。唱号子时，可以做到随口而出，让人听不过来、跟不上节奏，在极大的吸引之中完成对号子的理解。森林号子完全根据当时的情景发出，让人充分地感受到号子王出口成章的本事，而且一句一字、一调一腔让人十分震惊。听号子会给人带来无限的美感和新鲜感。

丰富的叙述性 长白山森林号子虽然是应用在抬木头的劳动之中，但是其实每一首都有不同。号子王根据每一首的不同情况产生出这个号子、运用这个号子，然后再通过号子调的快慢、长短、强弱来调节号子的声度，又通过号子的内容（词）的变化与不同去吸引人走进号子的氛围中去，让人理解，并让人跟着去思考和回味。

森林号子的价值

森林号子产生于远古人类的劳动行为之中。正如鲁迅先生在他的著作中曾指出的那样，最早的歌谣就是"哼唷哼唷派"，这可能是最早的森林号子，也是人类最早的歌谣。森林号子的珍贵价值主要表现在这样一些方面。

森林号子的历史价值

号子的出现,首先与森林的开发有关。号子的历史,就是森林的开发史。多年的岁月,当人类开始注意森林,当长白山的开发成为人类的需要,号子这种活态的森林之歌便开唱了。

号子的重要价值之一表现在它的历史价值上。号子是伴随森林的开发而记录人类生存历程的重要文化类别。

首先是人类需要森林,在森林生存需要使用号子。森林蕴藏着人类生存史和号子形成史。

披雪的木垛
(蛟河白石山林场,1992年冬拍摄)

森林号子美妙的音乐、清晰的节奏、丰富的内容、传奇的故事,真实记录了人类开发自然历程中的生活形态和历史内涵,具有鲜明的地方特色,展现了长白山区劳动群众杰出的文化创造力,体现了生活在这里的人民的生存智慧和人文精神,是中华民族优秀文化的重要遗存。森林号子又具有很高的学术价值和实用价值,传达了诸多的生活智慧和美感。它的丰富内容和基本特征及历史价值主要体现在其鲜明的历史特征和独特的韵味上,近年来已逐渐引起国际国内诸多专家学者的广泛关注和研究。发掘、抢救和保护长白山森林号子,不仅可以丰富和完善中华民族的传统文化,还能够对世界文化遗产的保护做出重要贡献。

长白山森林号子主要分布于吉林省的白山、通化、延边等地为主的长白山林区，特别是这三个地区内的广大林场、流放木排的排窝子和一些采伐山场等。长白山森林的采伐已有久远的历史了。据《山海经·大荒北经》记载，早在公元前三世纪，长白山区已经有人开始采伐，并穿排。据考古发现，远在距今五万年至一万四千年前，吉林榆树人、安图人、青山头人就生活在这片土地上。八千至四千年前，肃慎族生活在长白山区，从事森林采伐和渔猎活动。唐代渤海国时期至元明时期，长白山里的森林采伐活动一直没有停止。到明永乐九年（1411），朝廷在松花江上游运送长白山的木材造船，此地从此为吉林乌拉（满语，沿江靠川之谓），这也是吉林省名的来历。可见，人类对长白山木材物产采伐和使用的历史之久远。要使用木材，就要运木，而运木就离不开抬木。可以说，抬木号子早已在东北民族的生活历程中产生。

长白山区属于原始森林生态区，植物物种达2540余种，其中树木最为丰富。红松、白桦、黄檗、水曲柳、东北胡桃楸，都是这里独有的树种。山里生长着大量的天然次生林，森林覆盖率极高。吉林省是中国重要的林业基地，林地面积有805.2万公顷，居全国前列。林业成为吉林省早期开发的主要物产之一。清代典籍《吉林通志》《吉林志略》《打牲乌拉志典全书》都对林木的开采有过详尽的记载。

甲午战争之后，以俄国和日本为首的帝国主义国家迅速进入长白山地区，他们成立木殖公司，疯狂掠夺长白山的木材资源，逼迫和雇用木帮采伐，使得森林号子一直没有停止过。号子是长白山森林木帮从心底发出的一种宣泄劳累、反抗压迫的呼声，表达了对外来侵略者剥削的仇恨，这是东北长白山森林号子的风格。

在东北长白山森林号子中，有一类历史性和民族性很强的号子。因为从前吉林所辖地域十分广阔，包括今天的黑龙江和大小兴安岭、外兴安岭、库页岛和鄂霍次克海一带。富育光老师在《东海沉冤录》

和他在口述中讲述的关于北海（今黑龙江乌苏里江以北）的一些生活号子、《说部》演唱片段中的内容等，均属于这种类别，是珍贵的北方号子。

山和海连在一起。许多在海上捕鱼、拉大船的号子，其实也属于这一类号子。值得说明的是，号子没有文本，属于口述文化，而口述文化往往记载了珍贵的历史记忆，是一种重要而珍贵的历史文献。在人类最关注的文字史之外，其实有更为重要的历史，要比文字史更加遥远和珍贵，那就是人类的口述史……

如《说部》讲述者开头时说道：

俗语说得好，树有根，水有源，万事皆有起根发蔓儿。今个，我给众位长老、太太、外姓来客、阿哥阿沙们开沙的乌勒本，可算奇啦。见咱们满洲众姓从来听不到的一迭子遗事奇冤。年代遥远得很，是咱们翁姑玛发的翁姑玛发（远世祖）大以前的故事。在咱们先人还叫诸申女真人的时代，在翁妈妈居住的大海之滨，有一条绵亘南北万里长的高高锡霍特阿林地方，古树参天，虎豹成群。我们的先人们还只是使用钻木取火，生啖兽血兽肉，族人都是妈妈的儿孙，世代自称窝稽尼玛，就是窝稽人、林中人。

东北的林中之族，在早夏日赤裸腰鬃条条遮羞，冬裹毛服御寒。海滨的兄弟们，则穿鱼皮服，鲸油点灯。年复一年，日复一日，倒也安宁……

自中原五朝唐宋以降，尤进元朝之后，东海安详之地可是血泪横流，辽在这儿有取之不尽的富源。可是，不少窝稽人、海户被捆绑而去，世世代代沦落他乡为异客，不少东海女真子孙变为汉人、南蛮人、西域人。大元朝废渔猎，不少土地荒芜，东海也有马群牧场。乌苏里江沿岸、尼曼河、瑚布图河、珲春河都有了放牧的鞑靼色。

东北山林中的许多号子记载了北方民族的生存历程和民俗风情,是研究和探讨民族生存发展的重要资源,又是一种记载北方民族开发自然、认识历史的信息性资料。所以它的珍贵作用不可忽视。

森林号子的生活价值

抬木头是一种讲究集体出力的活计,一伙抬木人往往称为四盘肩,两个人为一盘肩。如果其中有一个缺席,就会造成整个集体前功尽弃,而且还容易出重大事故,特别是木帮抬木上跳时。有这么一对父子,家里生活挺苦,两个人便一起来到了木帮抬木队。儿子是领杠号子头,负责打号领唱,和爹抬一盘肩。一次,在江源青沟门林场装

作者曹保明(中)和抬木帮
(二道白河,2006年4月拍摄)

火车，最后封顶爬冒时，车顶上已是三米多高，上跳准备封顶。老爹毕竟岁数大了，抬着抬着，只觉着双腿打战，两眼冒金星就要扔杠。儿子先是感觉到爹的杠发抖，再一看，爹想撤杠自个跳下去……这时，儿子可急眼了。他用号子骂爹说："老犊子呀！嘿哟——！你敢扔杠？嘿哟——！我打死你呀，嘿哟——！"别人想笑，可谁也不敢。那是他爹呀！他爹气坏了，但还得接号。可儿子就是不松口，就是骂。老头一来气，反而一鼓作气，上去了，"气"就成了"劲"。放下木头下来后，儿子一看爹，立刻"扑通"就给爹跪下啦。儿子说："爹！你骂我吧，打我吧。可是在跳上，我不用号骂你，'上'不去呀！"他爹气得上去给了儿子一个大嘴巴，扔下杠就走了。从此，他爹再也不认他这个儿子了。但是这个故事都传开了，就是说木把抬木在杠上走号时，死也得挺住，不能扔杠。因为一人扔杠，毁了大家。所以民间又管抬木行叫红山教行，说这一行六亲不认，就是天王老子也要一视同仁。

森林号子的文化价值

长白山森林号子以在长白山里从事伐木、抬木、运木的生活为背景，是人们在从事艰苦而危险的体力劳动时发出的对生活的呼声，这就使这种文化具备了重要的人类学和民俗学价值。在这里，既能看到人类在同残酷的大自然打交道时的背景，又反映出人类关爱亲人、吃苦耐劳的思想情绪和美德。如不许女人靠前，表达了男人们能吃苦，面对生死时不让亲人和弱小靠前的思想美德。这种号子全面、深刻、生动地记叙和保留了长白山林区人类的生存观念和文化传统。

号子是人抬木受重压时唱出的一种声音。人在重负下发声，是生理的需要，但更重要的是精神的需要。号子对人生命的构造和发展具有重要的和谐意义，是人与自然生态相融合时产生的结果。抬木唱号子，对身体有好处，是人生命运动的一部分。起号时，号子头有时是一句指导性的话，如"哈腰挂呀"；有时是直接一个字"嘿"或"咳"。这都是人在受重负时的自然抒发。号子歌，是研究人类生命结构的重要资源，很有科学价值。同时，森林号子真正体现了人类文化创造的典型性、代表性。劳动创造了森林号子，号子本身又记载了人的生存历程和生存形态。号子具有在一定群众中世代传承、活态保存的生活特点。今天，当人们抬一些重的物件时，还是忘不了使用号子，可见号子有抢救和保留的意义。

号子在长白山林区具有鲜明特色，在当地有很大影响。号子王任天元说，我一听到号子响，心里就痒痒，总想去抬一抬、唱一唱，足见号子在百姓心中的地位。研究号子的生态和谐理论将会对人类探讨其生存质量有着极其重要的现实意义和历史意义。因此，长白山森林号子的重要价值在于它与人文文化和自然文化的融合，是一种具有双重价值的艺术类别。

森林号子的艺术价值

长白山森林号子中许多精彩的部分和段子，今天已经普遍在百姓的生活当中流传了，有的还对当地的民歌、小调、哨、五更、秧歌帽、二人转等产生了深远的影响。如：

　　大煎饼，卷大葱，
　　咬一口，辣烘烘，
　　干活全靠老山东。

这是对来长白山林区闯关东的山东人的一种歌颂和赞美。号子中也有在抬木时唱的歌词：

大煎饼呀——！嘿哎哟呀——！
卷大葱呀——！嘿哎哟呀——！
咬上一口——！嘿哎哟呀——！
辣烘烘呀——！……

这分明是借鉴了生活中的歌谣而形成了号子的内容。可以说，长白山区的许多歌谣形式、艺术都与长白山森林号子有直接或间接的关联和影响。

长白山森林号子是由一人领唱、众人和唱的一种独特的东北民间森林工人的劳动歌，是抬木人在肩膀受到重压时发出的自然呼声。由于森林号子始于本土的民间劳动生活，发展于茫茫的长白山林海各采伐团体，经过一个又一个杠子头（领唱号子的人）不断地加工传承又流传下去，这使得森林号子成为森林采伐帮集体使用的文化，又凝聚着号子头独特的智慧创造和文化成果。这既代表了森林采伐工人集体的思想情绪，又传承了每一个号子领唱人充分的人生个性。长白山森林号子已成为包容文学、音乐、行为、喊唱，乃至互相说话方面的生活认同和思想表述等综合的艺术和文化作品。

号子的内容包含了东北民族生存的哲理箴言、民间谚语、歇后语、民间故事、笑话和传说等，是反映长白山区人民群众生活和自然风貌的百科全书。号子的体裁既有临时发挥的随时创作的散体，又有几天或更长时间不断使用的复合体，同时也有较长的叙事歌。号子的演唱方式虽然较固定，但唱词格律与押韵方式往往充满多样性，变化无穷。

号子王王守用在抬木头

（二道白河贮木场，2008年5月拍摄）

起号和接号，这是长白山森林号子重要的音乐艺术特色。起号人的第一句往往决定这首号子的成功和流传能力，这主要表现在起号人的声音和时间上。一首号子，号子头的起号声调特别重要。号声的大小、高低、粗细、强弱都决定着其他接号人的抬木劲头、步伐步态。甚至对运送距离和时间的掌握，都是靠号子来控制。

一种调律，多种内容，这是长白山森林号子的另一重要艺术特色。一种固定的调律早已让人记于心中，便于大家都走在号上。抬木是一种齐心协力的劳动形式，号子就是用自己的韵律来调节人的步伐，所以叫走在号上，这是调律的作用。而号子内容的变化，完全由号子头去完成，他的变化也要在统一的调律中去进行。这种变化，只能是词的变化，在统一的调律中创作不同的词语内容，指挥大家共同抬木行走。

号子头的起号内容使号子丰富多彩、变化万千。从开始的哈腰挂到撑腰起、迈开步、往前走，直到在抬木途中触景生情、见物比物的表达，不但为大家解闷，还有指挥上跳（上跳板）时的注意事项。到了楞上（木堆或车上）怎么放木、哪边先落先放等，都要由号子头的号子去指挥。这使得号子在固定的调律下，内容却是千变万化，充分体现了长白山森林号子的独特内涵。

诸多长白山森林号子，在《中国歌谣集成吉林卷》的《白山歌谣卷》《通化故事歌谣卷》《延边故事歌谣卷》《集安故事歌谣卷》《临江故事歌谣卷》《敦化故事歌谣卷》等书籍和资料中均有记载,已成为吉林省非物质文化遗产的重要类别。

5　号子行的行话隐语

号子行，其实就是杠子帮。因为他们干活要喊号子，所以叫号子行。

同其他行帮一样，这一行也有自己独特的语言，也有属于自己的行话和隐语。

以下对白山区森林号子帮这一行的特殊行话和隐语进行相关的介绍。

抽茬子　指在山里挑木头去伐。

把门　色子木，顺子木。长85厘米～90厘米。中间粗，两头细，中间一个壳，放卡钩。

一盘肩　又叫一副肩。指两个人，一左一右，对面抬。

小悠　一根小绳，可穿木杠。

垫肩　一平方米左右的一块布，有白，有蓝，抬木时垫在肩上。

开飞机　指一盘肩不告诉对方而猛地先一起，使对方一下子摔倒。

啃掐钩　指没有准备而败下阵来。

迎头　车上或木堆上有一根木头，大头冲这边。抬木的人要防止这事。

爬木头头　指吃抬木饭的人。

帮一杠　指对方让你先起，省劲儿。

组杠　杠子伙召集人。

组几个盘肩　杠子伙挑选人。

杠子头　杠子伙的把头。

号子头　杠子伙里喊号人，往往也是杠子伙的头。

压脚　一种工具。一头带个铁包皮。可用来清理爬犁道上的爬犁。

前后杠　前把门，后把门。

哈啦嗨　这是杠子头、号子头的别名。因他喊号子总离不了"哈""啦""嗨""哎"什么的，所以叫这个名。

解号　又叫接号。解，指号子被听的人去理解，然后跟着执行。

拉大绳　指一种号子名，是在众人用大绳拉木时唱的号子。

催木头　指号子叫得紧、叫得急。

撵步　跟上步伐。

拉弓　指木头重，把跳板压弯了。

吃杂八地　干杂活的人。

上甩　号子调结尾往高扬。

下甩　号子调结尾往下去。

左甩　号子调结尾往左。

右甩　号子调结尾往右。

前甩　号子调往前出气。

后甩　号子调往后出气。

老甸子　高山湿地。

背坡　一种在山上背货去卖的人。

抓凳　把木头叠高。

串坡　在山坡上集中木头。

憨载　干活下死手。

老婆树　长得上细根粗，不好抬的树。

串钩　又叫挂串，指掐钩向两边动。

收肩　完活收工。

收杠　结束工作的意思。

边股　木堆上的一侧。

小尾　指抬木头的最后一副肩的小肩。

吃小磨的　带工具入股的，算一份。

吃杠饭　靠杠子来挣钱的。

上晃钱　指吃抬木头这口饭的。

小杠　抬木工具。

掐钩　抬木工具。一个套，一边一个铁钩。

搬钩　搬木头用的木头，头上一个铁钩。

刨钩　搬木头用的木头，头上一个铁钩。

大掏　又叫大套，指很长的绳索。

驴子　两个小杠的俗名。

滚杠　两根，反套。用来垫木滚动省力。

踩边股　走在跳上，脚踩跳边。

踩里股　走在跳上，脚踩里边的跳边。

挂嫩了　指掐钩搭木边上了。

挂老了　指掐钩搭木太深了。

突鲁钩　指挂嫩的钩。

死钩　指挂老了的钩。

大点挂　往木的下边挂。

抠旁钩　往木的一边挂。

对掐对挂　木头长点，往中间挂。这样，后边不踩前边脚。

打电话　前把门抬前边木头，后边人抬后边木头。

二杠挂　指第二盘肩的人先下手。

四杠挂　指第四盘肩的人先下手。

头杠　头前的一盘肩。

拉拉壳　钩挂的前浅后深，怕撸钩。

打一个点　把门上的印，是硬压出来的。

小杠飞了　较上劲儿时，树重绳紧，杠飞了出去。

愣愣号　不一样的号子，也叫随心所欲号子。一个地方一个风俗。江源、三岔子、大阳岔，号子都不一样，这叫号随风（风俗）转。

老号子　土号。

长尾号　指尾音长的号子。这类号子不好接，但好听。人一不注意，就容易闪腰。

笨号　也指老号子，流传得广，人人会听、会接。

前后杠　两人抬。

早报号　号子头要早点报号，让人有个准备。一般情况下，唱歌可能跑调，但喊号不跑调。但要早点发出，行就行，不行就不行，糊弄人不行。

悠上去　在跳板上抬上去。

拿杠的　也指号子头。

拉屎不掉帽子　各使一股劲。

杠子房　抬木人住的地方。

抗脚行　也指上跳的人。

血蘑菇　指抬木头的人肩上压出的肉。

血蘑菇长出来没有　肩上的硬肉压没压出来。

撸顺撸顺　木杠在肩上压一压。

称一称他　试一试他，或考验他一下。

耍尾的　指最后一杠的。

后毛腰　让前边木头的头先起来。

阴阳钩　不怀好意，挂掐钩时把钩往你这边多挂。挂在树的节子或疙瘩上，对方看不出来，却能压死人。

爬帽　抬木往高高的木堆上走。

红山教行　指六亲不认。抬木人认木不认人，在木上肩时，说什么也没有用了。

瞎活稀　不会干活的人。

放楞的　用爬犁从山上拉下来，先归楞，这叫放楞。放不好，就挤脚。

附录一

伐木帮歌谣选录

推轱辘马
推起轱辘马,险道滚大梁。
断闸砸伤腿,甩车压断肠。

伐木头
油锯突突响,锯手把话讲;
大树往上倒,弟兄好吊铆。

打丫杈
板儿斧,锋刃白,小伙子们抡起来;
砍掉旁杈和斜枝,正桯留出来。

下件子
看得准,量得对,不短尺,不浪费。
量体裁衣,因材下锯。

穿坡谣

滑道直，山坡陡，木头翻飞声声吼。
林里走，雪里钻，木头穿梭冒白烟。
刚看冒股烟，眨眼到下边。

牛穿坡

摽紧爬犁牵住牛，未曾起卧想咋走。
脚踏实，留神瞅，防止擀面树撞头。

拿命换

要吃"横山"饭，就得拿命换。
走进伐木帮，好像进牢房。
吃的橡子面，咽的苦菜汤。
把头抡棒打，财东似虎狼。
木把卖苦力，年年拉饥荒。
血泪流成河，几人回家乡？

（注：以上歌谣，口述者黄修勋等，采录者张平，1985年4月采录于八道沟）

木把苦

木把苦，木把累，木把受尽牛马罪；
砸伤摔死没人管，乱尸岗子把狼喂。

摘挂

钻进罗圈挂,木把命难保,

伐倒大树赶紧跑,稍慢一步命报销。

(注:以上歌谣,口述者张刘氏,采录者张平,1984年采录于长白县)

这样的木把当够了

河里发水浮两岸,头天赶个八里半,第二天到了于家店。

小木头似支箭,把头两岸站着看,好似牛头和马面。

只听咔哧一声响,木排上了砬子腰,大锅小锅水上漂。

大水冲散木头,这回南海去不成,这样的木把当够了。

(注:歌谣口述者孙发,采录者孙来今,1960年采录于延吉市)

木把思乡

三更交半夜呀,月牙照山冈。

松枝双栖鹭,风吹花暗香。

想妹子,在家乡,手托腮帮泪汪汪。

盼哥早早回家乡,情妹盼断肠啊。

三更夜风凉呀,木把想家乡。

两眼望山外,云海雾茫茫。

想妹子,在家乡,独守空房多凄凉。

想哥想出心疼病，恨哥薄情郎啊。

三更难入梦呀，想人最心伤。
贫寒姻缘苦，情深恩爱长。
想妹子，在家乡，锄田刨垄开山荒。
妹盼情哥离木帮，困苦妹承当啊。

（注：歌谣口述者刘老太太，采录者齐兆麟，1960年采录于大泉源）

伐木歌

伐木料，进深山，楞垛巍巍上青天。
修筑楼阁供神仙，木把祷告求温暖。
子透风寒，神仙不管咱。
伐木头，垛满山，千柁万檩顶云端。
盖起大厦住高官，木帮茅棚断梁椽。
风冷雨更寒，雪花落枕边。

（注：歌谣口述者齐关氏，采录者齐兆麟，1962年采录于快大茂镇）

木把情歌

（一）

哥在老林做木头，三九三伏不歇手。
只为明个下山转，给她买瓶桂花油。

（二）

两手空空又回山，妹倚门框泪涟涟。

穿林过河一百里，还觉妹在身后边。

（三）

临别喝妹一盅酒，回山下力做木头。

做到日落月亮升，一年到头有劲头。

（四）

小河水，清又清，柳毛下响起棒槌声。

扑腾腾，扑腾腾，一声重来一声轻。

一声重来一声轻，声声响给木把小哥听。

（五）

婆婆丁，开黄花，娶上媳妇当不了家。

无论冬夏做木头，支不着劳金山难下。

小褂成丝绺，裤子疤补疤，

一双你做的白布袜，俺揣在怀里不忘家。

（六）

小媳妇蛋儿，上河沿儿，铜盆儿装着花手绢儿。

花手绢儿，跑彩线儿，那是木把哥儿还的愿儿。

（注：以上歌谣，口述者绰号为郝哈哈，采录者王希杰，1980年6月采集于三岔子林业局敬老院）

伐木人

伐木人，苦又贫，吃糠咽菜住山林。

把头克饷常挨饿，瘦成骷髅不像人。

伐木人，穷又难，采伐身披麻袋片。
上山三年没结账，思念家乡无盘缠。

（注：歌谣口述者齐刘氏，采录者齐兆麟，1964年6月采录于长白县十四道沟）

进狼窝

到木营，进狼窝，木把血汗鬼子喝，
把头层层来扒皮，警察汉奸勒大脖。

（注：歌谣口述者孙刘氏，采录者孙来今，1964年8月采录于通化县小阳岔）

木把苦

（一）

木把苦，木把累，木把受尽牛马罪。
板房漏着天，破锅锅几回。
吃糠咽菜饿断肠，捡块麻袋来当被。
砸伤摔死没人管，乱尸岗子把狼喂。

（二）

放树钻进罗圈挂，来不及和人说句话。
一步迈进阎王殿，爹娘儿女全抛下。
放完大树穿木排，穿完木排去放排。
放木排，是苦差，劝郎别去放木排。
老排一走无回日，哨口淹死浪里埋。

（注：歌谣口述者张氏，采录者张平，1986 年 4 月采录于白山市长白县）

木帮苦更多
没有吃，没有喝，逼得没招进山窝。
实指望混个饱肚子，哪承想木帮苦更多。

（注：歌谣口述者孙刘氏，采录者孙今来，1964 年 3 月采录于通化县）

当上木帮卖了身
当上木帮卖了身，把头拿咱不当人；
打骂就是家常饭，让你死来定归阴。

（注：歌谣口述者孙刘氏，采录者孙来今，1964 年 9 月采录于通化县回头沟）

木把血汗被挤干
大把头扣，二把头沾，
一年到头不见钱，木把血汗被挤干。

（注：歌谣口述者孙刘氏，采录者孙来今，1968 年 9 月采录于通化县哈尼河）

哪够买盐钱

雪花飘,北风寒,木把好歹盼到年。

把头开支给几吊,回家哪够买盐钱。

(注:歌谣口述者孙刘氏,采录者孙来今,1964 年 9 月采录于通化县老铁厂)

苦得赛黄连

橡子面,真难咽;麻袋片,不挡寒;

木帮工人不如狗,日子苦得赛黄连。

(注:歌谣口述者孙刘氏,采录者孙来今,1968 年 4 月采录于通化市砟子镇)

咱挨棒子心不甘

山把头,黑心肝,不拿木把当人看;

整天拎着柞木棒,棒子当成打牛鞭。

鞭打老牛牛叫唤,咱挨棒子怎心甘。

(注:歌谣口述者孙刘氏,采录者孙来今,1968 年 9 月采录于抚松县松江河)

损把头

损把头,不是人,端来稀粥一大盆。

下去勺子搅三搅,好像镜子照出人。

（注：歌谣口述者刘效国，采录者肖由，1973年11月采录于通化县铁厂镇一心村）

鸡叫算亮天

再闯关东山，先把靰鞡穿。
睡觉半拉夜，鸡叫算亮天。
木把活儿不好干，光打尖，不住店。
过山跨海闯关东，为了吃饭用命换。
吃的是橡子面，穿的是麻袋片。
阎王殿是永聚统，鬼门关是长风栈。

（注：歌谣口述者孙刘氏，采录者孙来今，1964月采录于通化市松树镇）

树墩子歌

树墩厚，树墩多，不能踩，不能坐。
老哥儿、老哥儿快躲开，那是老把头的小饭桌儿。

（注：歌谣口述者冯大爷，1985年4月采录于三岔子）

木把叹

叫声爹，喊声娘，什么人留下这一行？
五黄六月下南海，十冬腊月在山上。
早晨穿上鞋和袜，晚上不知往哪放。

汗珠子落地摔八瓣，北风吹得透骨凉。
好容易盼得下了山，绵羊票子鼓囊囊。
先进大饭馆，后进"落子堂"。
晚上住在"窑子"里，一年闹个溜溜光。
眼看风起树叶落，还得光腚把山上。

（注：歌谣口述者赵志有，采录者梁之，1985年采录于扶松县松江河镇）

木把屋

板房漏着天，破锅锔几回？
吃糠咽菜饿断肠，木把声声泪。
连起麻袋片，全家当成被。
几时才能见青天，木把不遭这种罪。

（注：歌谣口述者张林氏，采录者张平，1985年采录于长白县临江镇）

孤雁飞

推开窗户望雁飞，孤雁哀鸣惨又悲。
苦命人像孤雁飞，恋上木把活倒霉。
姑娘守活寡，木把打游蛩。
牛腰粗原木垛楞场，木把年年马架子睡。
三伏难蔽雨，腊月冷风吹。
盼过三春零八夏，盼到秋凉雁南飞。

（注：歌谣口述者刘老太太，采录者齐兆麟，1960年采录于通化县）

十唱送哥上木帮

秋风凉，柳叶黄，妹子送哥上木帮。
茅径石头滚珠泪，草蚕叫得断人肠。
妹子送哥情难舍，石头流泪蚕心伤。

过山梁，扪胸膛，悖了爹娘心内慌。
情意深比天池水，千曲万回日夜淌。
妹子送哥难分手，情似江河下海洋。

枫叶飘，似火烧，脚步沉重唇发焦。
咽喉像塞苦麻菜，情深泪多话儿少。
妹子送哥怕分手，满心凄苦泪滔滔。

日头落，像血盆，世上最怕人送人。
谋求糊口难相聚，衣食拆散有情人。
妹子送哥泪湿襟，难舍难离忒疲心。

月如刀，挂松梢，苍天逼断路一条。
虎豹窜林哥难返，债比山重妹怎熬。
妹子不忍哥哥走，担心一别见不着。

星眨眼,夜猫嚎,天地吞声不忍瞧。
冷风十里人心热,汗透青衫站不牢。
妹子赠哥一双鞋,情重不怕信物薄。

萤火虫,亮闪闪,木帮子赛牢监。
江山但留一线路,谁进把头鬼门关。
妹子嘱咐哥珍重,人情冷暖记心间。

一群羊,走下山,羊羔喊妈声声甜。
抛下亲人奔虎口,伐木谋生拿命换。
妹子捧出香荷包,日夜伴你闯深山。

松鸡叫,鸟归巢,双双对对栖树梢。
可叹人生不如鸟,难伴情哥熬凉宵。
妹子送哥要分手,热泪打湿羊肠道。

山低头,河呜咽,妹子送哥山连山。
快刀难断河流水,哥把妹子记心间。
别离难哪分手难,天荒地老心相连。

（注：歌谣口述者罗三源,采录者齐兆麟,1960年采录于通化亨通乡）

望月亮

情哥背篓奔木帮,妹子月下泪汪汪。

拽住衣襟不松手,步步相送南山梁。

东家把头贼心肠,万一挣钱多提防。

在外莫要想妹子,想妹登山望月亮。

(注:歌谣口述者罗三源,采录者齐兆麟,1960年采录于通化柳河县)

附录二

放排人歌谣选录

放排苦（四）

放木排，是苦差，劝郎别去放木排。
放排能有几时回？哨口淹死浪里埋。

放排苦（五）

水里头滚哪，浪里头钻，爹娘妻子那个把心担。
为糊口啊，为纳捐，风里雨里那个不消闲。
漫汀稳哪，急流子穿，生死就在那个眨眼间。
躲礁石呀，避险滩，手脚麻利那个眼要尖。
雾蒙蒙啊，波浪翻，雨打木排那个冒白烟……
到了船营啊，排靠岸，掉头摆舵那个忙得欢。
喘上一口气呀，心放宽，总算又闯过那个一道关。
喝盅酒啊，驱驱寒，有了今天就别管明天。
明天早起呀，排又离岸，放排人的日子命由天。

放排苦（六）

走到阴山背后，烤得小爪挠前挠后。

冷不丁一瞧，像熊瞎子他二舅。

放排像鳖走，扒沙两溜，老排一下像哪家公子王侯？

腰捆半匹茧绸，后拿杨柳小扇，走一步溜三溜。

钱又花净，拉背儿一走，晃似走兽。

情似水长流

哥哥放木排，撑杆搂在怀。

这一去，不知何日能回来。

哎——哎哟，盼望早回来呀。

木排沿江流，风浪满心头。

一颗心，常在妹子身边留。

哎——哎哟，在妹身边留呀。

月落黄昏后，野火点点愁。

唱一曲，哥妹情爱水长流。

哎——唉哟，情似水长流呀。

放排八等人

头等人在家坐吃坐穿，

二等人当把头把心操乱。

三等人当先生明打细算，

四等人三把头英雄好汉。

五等人当股子累得真灵活现，

六等人当磨官狗腿跑断。

七等人大师傅早起晚眠，

八等人月劳金瞪眼白干。

就怕炸了排

不怕鬼门险，就怕炸了排。

排炸人包饺，大江是棺材。

老把头保佑到沙河尖

不怕牤牛哨，不怕老虎滩，就怕老把头不保佑咱。

烧上一炷香，山神爷保佑咱，放排一气到沙河尖。

附录三

其他类型的森林号子简述

风情号子

  风情号子是东北号子中很重要的一部分，它属于一种固定格调的号子，主要记叙了东北地域风情的一部分内容。这里记载的是富育光老师从他的一些口述文本，如《东海沉冤录》中记下来的一些号子。有些只有调和名，没有词。

赞美人

C 4/4

| 1 66 56 | 1 66 5 6 | 22 56 121 656 | 6 — · — |

| 5·5 62 1 | 1 0 65 62 | 132 232 3432 1 | 1 — 6 — |

| 6 — · — ‖

娘娘车

$5---|5--0|3\ 6\ 6\ \underline{1}|1\underline{3\dot{2}}\ \underline{3\dot{2}}\ 3|\underline{3\dot{7}6}\ \underline{66}\ \dot{1}-|$

$\underline{\dot{1}6}\ 0\ \underline{61}\ 0|\underline{61}\ \dot{3}--|\dot{2}---|\underline{3\dot{4}}\ \underline{3\dot{2}}\ \underline{2\dot{7}}|\underline{66}\ \dot{1}--|$

$\underline{6\dot{1}}\ \underline{65}\ \underline{3\dot{2}}\ \dot{3}|\underline{35}\ 5\ \underline{35}\ 5|\underline{3\dot{1}}\ \underline{3\dot{2}}\ 5\ 7|6---|$

$\underline{6\dot{1}}\ \dot{1}\ \underline{57}\ 6|\underline{76}\ \underline{7\dot{1}}\ 5\ 7|6---|$ (唉)

$\underline{\underline{22}\ \underline{232}}\ \underline{\underline{1712}\ \underline{7676}}|\underline{3\dot{1}}\ \underline{57}\ \underline{66}\ \underline{2\dot{3}}|\dot{2}\ \dot{2}\ \dot{1}-|\dot{1}-\cdot-‖$

海子唢呐

C 2/4

‖: $\underline{66}\ \underline{6\dot{3}}|\dot{2}-|\underline{66}\ \underline{6\dot{3}}|\dot{2}\ \dot{2}|\underline{2\dot{1}\dot{1}}\ \underline{\dot{2}7}|\underline{\dot{2}7}\ \underline{66}|6\ 3|$

$5-|5-|5-$:‖

历史号子

这是十分珍贵的号子类别。有许多历史号子隐藏在一些古籍和民间文学及民俗学者的口述记录之中。它们生动、逼真,有很重要的历史价值和文化价值。

赶海谣

C 2/4

5·6 | 1 2 | 3·5 | 2 — | 2 — | 3·5 | 1 6 | 2 — | 2 — | 2 0 |

33 32 | 1 2 | 3 — | 3 — | 3 0 | 33 32 | 1 1 6 | 2 2 6 | 1 7 7 | 6 — |

6 — ‖

《渡东海》又名《扯篷帆》。东海山林号子悠绕、抒情、奔放。

渡东海(东海山林号子)

C 4/4

5 66 — — | 66 — — — | 1 66 1 66 | 6532 6532 2 — |
葛嘿哟

2 — | 3 — 1 — | 1121 — 211 211 | 2321 2 — | 2 — — — |

5 — — 6 | 6 — — — ‖

英雄调——巴图鲁勒号子

嘿，哟——哟——哟——！

哎嗨哟——哟——哟——！

嗨嗨哟——哟——哟——！

哟——哟——哟——！

嘿，嘿哎，嘿哟——哟——哟——！

嘿嘿哎嗨哟哟——哟——哟——！

哎嗨，嘿嘿哟——哟——哟——！

哟——哟——哟——！

哟——哟——哟——！

嘿——哟——！

嘿——哟——！

嘿——哟——！

赶海谣

大杨树硬轱辘凿出的船，亮花花软布连成的帆。

长鬃快马大轮车，活吱啦把船驮进大海湾。

鹿角号呜呜叫呀，鹿皮鼓咚咚响呀，赶海祭歌声震天。

白鬘额娘，沙里甘，刚冒话的孩儿抱怀间。

玛发们送行语缠绵："南海路，浪万千，鲸鱼嘴，鬼门山。"

勤要瞪圆豹子眼，两手扯牢小篷帆。

叉海参，抓盆蟹，拧海菜，网虾鳗。

到秋红叶别贪恋，顺顺安安早回还。

（注：这首号子口述者穆郎氏，采录者铁常山、富育光，1983年3月采录于哈达门乡）

这首号子长期在吉林省珲春满族中流传。它记载了清朝早期到沿海的苏城沟、海参崴一带跑南海的渔猎生活，充满浓厚的赶海生活气息和民俗学价值。民歌词意生动、曲调优美，世代传咏。1860年后，沿海一带虽划入俄国版图，民歌民谣仍流传不衰。这首号子歌谣原系用满语咏唱。

南海号子最中听

拧海菜，叉海参，南海号子最中听。
声声发自哈哈们的口，句句印入格格们的心。
东南风呀，扯满帆，出海快船一溜烟。
桨划齐，舵拿稳，膀靠膀，肩靠肩。
哪怕凶浪顶天罩，赶海哈哈抖精神。
珲春小米香喷喷，千里美名传苏城。
鱼皮鞑子亲兄弟，换回鱼盐大海参。

（注：这首号子口述者郎景义，采录者富育光，1984年7月19日采录于哈达门乡）

跑南海

东南风来，哎嗨，西北浪来，哎嗨；
出南海呀，哎嗨，过山岗啊，哎嗨。
红白净子来，哎嗨，豹子眼来，哎嗨；

白汗褟呀，哎嗨，大布衫啊，哎嗨。
扯起篷来，哎嗨，抡起桨来，哎嗨；
肩靠肩呀，哎嗨，膀靠膀呀，哎嗨。
获丰收来，哎嗨，祭祖天来，哎嗨；
吉祥如意，哎嗨，太平年啊，哎嗨。
东道走来，哎嗨，西道往来，哎嗨；
海参崴呀，哎嗨，撒大网啊，哎嗨。
打好鱼来，哎嗨，大马哈来，哎嗨；
叉海参呀，哎嗨，拧海带啊，哎嗨。
鹦嘴靰鞡，哎嗨，脚上拴来，哎嗨；
翻山越岭，哎嗨，把家还啊，哎嗨。

（注：这首号子口述者穆朗氏、郎景义，采录者石光伟，1980年采录于土门岗）

这是一首古老的满族渔猎民歌，1860年以后仍然流传于图们江口至海参崴沿海一带。

人物号子

巴图鲁古勒号子

巴图鲁号子一出口哟，
东海人往昔的岁月蹉跎钩上了心头。
大荒片子绿海茫茫没人烟哟，
赶海的尼亚勒玛（人）哪，
你可要找那藤蒿榛莽里的古道印辙。

窝集排子碧浪涛涛遮云日哟,

你可要照准老先人留下的凿灼"毛格"(照头)。

大柈子笼火的"穿地龙"土坯马架子哟,

活像漂在绿海中热气腾腾的巨舟。

听乌勒本的尼亚勒玛哪,

我说书人朱伯亚西哟,

是赶海的摇桨人哪。

像早年坐上槽子船,

随我去拜谒爷爷的"奥木拖克索"(海屯,海寨)。

记忆是和煦的海风啊,

鼓乐是锡霍特的螺号。

扯满岁月的航帆哪,

划哟,划哟,嘿哟,嘿哟,划哟,

布鲁昆神鸟为我引路啊,

捷如电掣,骇浪难遇。

我们重又回到了东海远祖桦皮巢楼,

男嫁女家那婚车羽舍。

一个个东海儿女哟,

冬涂鱼油,身着貂裘珠珞,

夏体赤裸,腰围草条遮羞。

手弹鬖琴,夜伴篝火唱情歌。

萨满奶奶敲击着熊皮老鼓,

血族仇杀,传诵着悲怨和狂乐。

遥远遥远的过去呵,

东海的沉浮,东海的拼搏⋯⋯

雅鲁顺（说部开篇引唱塾话）

格灵妈妈玛发（各位奶奶爷爷），
格灵阿古阿沙（各位阿哥阿嫂），
哈哈济，沙里甘居（小小子儿，姑娘们），
按辈分挤坐热炕上吧，别嚷也别闹，
让圣洁的西上屋鸦雀无声。
哈拉器打起了，口弦琴弹起来了，
安心叫我朱伯亚西（说书人）唱讲乌勒本。
迎神年期香点燃啦，
迎神的哈拉器、神歌从神匣请出来啦，
供桌上方盘里肥鱼山果献上啦。
铜铸的大环哈勒玛刀，
穆昆玛发双手授予了我。
这是乌勒本开唱的古老礼节。
我跪叩，手捧神刀，
哗楞楞，哗楞楞，
天降神兵来护场。
众族亲要洗身躬听，
祖先神灵降临祖堂，
同儿孙欢乐共享。
神圣的时刻，
庄严的嘱托。
祖先神灵给我们意志，
祖先神灵给我们鼓号，

我代表祖先的音容，
我代表祖先的步履，
追溯数百年前的沧桑。
用我甘美的咽喉，
用我才艺的情态，
神祖赐予金口银齿，
口若清泉源远流长。
满室年期香馨芳，
窗外是明月星光。
我为阖族讲唱，
东海——
魑魅魍魉，圣哲贤将。
落花生根，拓土开疆。
先人伟业，永志勿忘。
我心潮澎湃，
器宇轩昂。
愿我的激情，
不会令你困倦。
化生拼争火花，
永不知气馁的希望。
守成不足傲，
建树当自强，
东海明朝，
世代辉煌。

后记

本书讲的是长白山最具特色的文化,也是最鲜明、绚丽的地域文化。长白山以其独特的地理存在和自然存在构成了这片土地上神奇的文化类型,影响着地球北部的自然史和人类史,也造就了地球北部最优秀的民族,是最生动和活态的文化。

森林苍茫的林海、峰峦叠嶂的山谷和无尽的深山,使得吉林的生存环境十分险恶。古文载:"枝柯斜结,障蔽天日,下则水潦纵横,草叶腐积,草木繁茂,交通为之阻塞。林中产生一种蚂蟥千万成群,大者如蝼蛄,小者如蜜蜂,喙长四五分,形同鸟喙,尖锐如利锥……骡马被蜇至急不能兴,因而倒毙者比比皆是。"艰难的森林环境,造就了长白山人顽强的生存性格。面对种种苦难,长白山人生存了下来,并创造了属于本土最灿烂的文化——长白山森林文化。这种文化有四个特点:

一是不惧艰险闯荡山林的生存文化。世世代代以来,生活在这里的民族,以大山为家,他们不计生死,走入山林,与荒寒的山林为伍,终于在这里站住了脚,生活了下来。长白山森林文化是他们的功绩文化。

二是团结互助的品质文化。在参天蔽日的茫茫老林中,人和一切生命都显得渺小,在苦难中人们认识到,只有互帮互助,生命才能存活。长白山森林文化的本质便是人与人之间的和睦,生命与生命的互助。这种观念已深深地融进了长白山文化之中,成为独特的森林文化形态。

三是忠诚为人、敢爱敢恨的情愫文化。在险恶的环境中、在困苦的历程中,一旦一方给予另一方帮助,另一方便会久记不忘,甚至为了报答、报恩,不惜用生命去表述自己的情肠。有多少可歌可泣的故事和歌谣,就这样生动地表述着长白山森林文化朴实厚重与火热的情肠,融化了寒冰厚雪,留在这片山林里。深深的情怀,生命的依靠,这么多人性的美,都是通过大山、森林去表述,这成为长白山森林文化的基点。

四是大自然、大森林立体朴实的美,造就了长白山的特点。苍凉,遥远,山水相依,草树相依,巍巍莽莽,那是大自然造物主留给人类的财富,在世界自然史和文化史上不能重复,这种独立特色和不可替代性,成为长白山森林文化的特色。

大山和大树永存,山和树的文化就会永在,长白山森林文化时时在感染和感动着人。长白山森林文化是与众不同的文化,是活着的长白山文化。

图书在版编目（CIP）数据

森林趣话：长白山伐木习俗 / 曹保明著. — 郑州：中州古籍出版社，2018.12

（华夏文库民俗书系）

ISBN 978-7-5348-7769-8

Ⅰ.①森… Ⅱ.①曹… Ⅲ.①长白山－风俗习惯 Ⅳ.①K892.434

中国版本图书馆CIP数据核字（2018）第049880号

华夏文库·民俗书系
森林趣话：长白山伐木习俗

总 策 划	耿相新　郭孟良
项目协调	单占生
项目执行	萧　红
责任编辑	翟　楠　石　丹
责任校对	苏晓园
封面设计	新海岸设计中心
版式设计	曾晶晶
美术编辑	王　歌

出　　版	中州古籍出版社
	地址：河南省郑州市郑东新区金水东路39号
	邮编：450016
	电话：0371-65788693
经　　销	新华书店
印　　刷	河南新华印刷集团有限公司
版　　次	2018年12月第1版
印　　次	2018年12月第1次印刷
开　　本	960毫米×640毫米　1 / 16
印　　张	12.5印张
字　　数	150千字
印　　数	1—2000册
定　　价	35.00元

本书如有印装质量问题，由承印厂负责调换。